Henryk Goldberg
Kolumnen und Reportagen

KLARTEXT

Henyrk Goldberg

Goldberg

Kolumnen und Reportagen
über die alte Heimat DDR,
Goethe, Feuchtgebiete und
eine Nacht im Gefängnis

1. Auflage August 2014

Satz und Gestaltung:
Klartext Medienwerkstatt GmbH, Essen

Umschlaggestaltung:
Volker Pecher, Essen

Umschlagfoto:
Marco Kneise

Druck und Bindung:
Werbedruck GmbH Horst Schreckhase, Spangenberg

ISBN 978-3-8375-1319-6
© Klartext Verlag, Essen 2014
Alle Rechte vorbehalten

www.klartext-verlag.de

Inhalt

Editorial

»Es war ja wirklich nicht alles schlecht. Es war ja mein Land, trotz alledem.«

Von Paul-Josef Raue,
Chefredakteur der
Thüringer Allgemeine

Foto: Marco Kneise

Henryk Goldbergs Kolumnen lassen keinen kalt: Sie regen an oder regen auf. Dabei könnten die Zeitungsleser sie einfach links liegen lassen wie die Tischtennis-Bezirksliga-Tabelle, über die sich auch keiner aufregt. Kein Redakteur der *Thüringer Allgemeine* bekommt so viele Briefe, hat so viele Verehrerinnen und Verächter. Was hat dieser Redakteur, was andere nicht haben?

Henryk Goldberg hat sich die Welt nicht ausgedacht, er hat sie sich nicht erschrieben, er hat sie erfahren und erlitten: Der junge Goldberg stolpert durch die Schule, bleibt in der dritten Klasse sitzen und hört nach zehn Jahren auf; er stolpert durch seine Lehre als Schriftsetzer und bricht sie nach einem Jahr ab; er stolpert durch die Theater als Bühnenarbeiter, als Beleuchter und als Heizer; er stolpert durch die Volkshochschule, um sein Abitur nachzuholen, und stolpert durch die Universität, wo er Theaterwissenschaften studiert; er stolpert zurück ins Theater, wo er – in Erfurt – zwei Jahre als Dramaturg arbeitet und heute sagt, es waren die unbeschwerten Jahre seines Lebens.

Er kommt endlich auf die Füße. Er schreibt. Davon hat er schon als Kind geträumt, vergeblich geträumt. Als ihn sein Lehrer in der siebten Klasse fragt: Was willst du werden?, da antwortet er: Pilot. Da sein Lehrer sein Talent entdeckt hat, sagt er ihm: Du könntest doch Journalist werden. Er denkz nach und sagt: Ja, was ich mit Liebe und Engagement tue, ist das Schreiben.

Henryk Goldberg wird Kulturredakteur. Aber das Stolpern geht weiter. Die große Freiheit, von der ein Journalist träumt, gibt es nicht beim *Neuen Deutschland*. Er wäre auch lieber zu *Theater der Zeit* gewechselt, aber die bietet ihm nur ein möbliertes Zimmer in Berlin an, das *ND* dagegen eine Zwei-Raum-Wohnung. Nach vier Jahren *ND* sagt er: »Es geht nicht mehr.« Der Preis ist zu hoch: Er ist nicht mehr er selbst, er ist Mitglied des Zentralorgans der SED.

Also geht er als Theaterkritiker zur *Jungen Welt*, mit deren Chefredakteur er befreundet ist. Als das Blauhemd der FDJ in jeder Hinsicht zu zwicken beginnt, sucht sich Henryk Goldberg eine Nische: Er geht zum *Filmspiegel*, er macht sogar Karriere und wird stellvertretender Chefredakteur. Das geschieht zwei Jahre vor der Revolution, aber diese Zeitrechnung können wir nur nachträglich anwenden.

Die Wende macht Goldberg arbeitslos; bei Journalisten heißt das: Er wird freier Journalist. Der *Filmspiegel* ist zwar für DDR-Verhältnisse ein Massenblatt, aber in Konkurrenz mit den Filmzeitschriften aus dem Westen hat es keine Chance im Wettbewerb. Es ist Goldbergs erste Erfahrung mit dem Kapitalismus. Die hat er jedenfalls den Kollegen bei der *Thüringer Allgemeine* voraus, in deren Redaktion er Ende 1991 als Kulturredakteur eintritt.

Als knapp zwanzig Jahre später *TA*-Chefredakteur Sergej Lochthofen, in der Revolution von der Redaktion gewählt, vom Verlag versetzt wird, erregt sich die Redaktion »hochgradig«, so Goldberg. Im »Freitag« rühmt der Kulturredakteur Goldberg seinen Chefredakteur als den besten in Thüringen und einen der besten in Deutschland, und gleichzeitig erteilt er seinen Kollegen eine Lektion:

»Es ist das Ende der Illusionen. Es gab, vor allem bei älteren Kollegen, eine Art von romantischer Bindung an ihre Zeitung ... Es gab eine romantische Vorstellung über die Kraft der Redaktion im Allgemeinen und die Sergej Lochthofens im Besonderen. Und deshalb wurde die Klarheit, mit der hier die tatsächlichen Kräfteverhältnisse offenbar wurden, als Brutalität empfunden. Die Ankunft im Alltag des gewöhnlichen Kapitalismus war schmerzhaft, für uns alle.«

Das geschieht 2009, also zwanzig Jahre nach dem Fall der Mauer. Da kann Goldberg schon mitreden über den real existierenden Kapitalismus im Osten. Mit dieser Würdigung seines Chefs kommt Goldberg bis in die Hamburger Antrittsvorlesung von Professor Volker Lilienthal, die von »Kritik und Verantwortung« handelt.

Wer Goldberg und seine Haltung verstehen will, sollte auch die ersten Sätze seines Artikels aus dem »Freitag« lesen: Da spricht er von seinem Ausscheiden in wenigen Wochen. Goldberg hat genug gekämpft, es reicht ihm, er hat aus freien Stücken die Altersteilzeit gewählt – eine Errungenschaft des Kapitalismus, die er gerne nutzen will.

Aber er tritt vom Rücktritt zurück. In unserem ersten Gespräch, es ist kurz vor Weihnachten, fragt er mich: »Darf ich bleiben?« Auf mein Erstaunen reagiert er mit dem feinen goldbergschen Lächeln: »Ich glaube, da tut sich einiges. Ich möchte dabei sein.«

Hatte er nicht im »Freitag« geschrieben: Dem alten Chefredakteur, dem »aufgeklärten Monarchen«, war er nicht sonderlich zugeneigt, aber er rühme ihn dennoch? Das war Dialektik vom Feinsten.

Hatte er nicht vom neuen Chefredakteur geschrieben: Ob der die »Balance von Qualität und Popularität« halten kann, ist unklar? Und hatte er nicht geschrieben: Niemand weiß, wohin die Reise geht?

Er zog daraus die Konsequenz: Den alten Chefredakteur rühme ich, aber verlasse die Redaktion; den neuen kenne ich nicht, aber ich kehre zurück. Das ist Dialektik vom Allerfeinsten. Das ist Goldberg. Und es war und ist bei Goldberg nicht nur Gerede und Feierabend-Geraune, es ist seine Wirklichkeit, sein Leben. Er handelt, wie er denkt und spricht.

In den vier geschenkten oder wiedergewonnenen Jahren bis zur endgültigen Rente dreht er auf, als müsse er um sein Leben schreiben. Die *TA* wird endgültig seine Heimat. Aus der Samstags-Kolumne »Salon« in der Wochenend-Beilage wird die tägliche Kolumne auf der Kultur-Seite, die einfach seinen Namen trägt: »Goldberg«. Er befreit sich von allen Fesseln, selbst von denen, die er gar nicht gespürt hatte: Er schreibt meisterhafte Reportagen – und nicht nur aus seinem Metier, dem Theater und der Kultur. Einige haben wir in dieses Buch aufgenommen wie »Die Nacht im Gefängnis« beispielsweise oder »Angst und Reiz des Bungee-Springen«.

Das sind, im journalistischen Jargon, Rollen-Reportagen: Ich schlüpfe in ein anderes Leben. Er hat dazu weder einen voyeuristischen Antrieb, wie es den Boulevard kennzeichnet, noch einen investigativen, für den ein Günter Wallraff steht. Goldberg hat einfach Respekt vor einem anderen Leben, von den Möglichkeiten des Daseins – er will sie ausprobieren, er will erleben, wie es ist, in eine andere Haut zu schlüpfen; und er will dies aus der eigenen Perspektive beschreiben. Das ist die journalistische Form der Seelenverwandtschaft.

Kritiker der goldbergschen Art zu schreiben werfen ihm vor: Er schreibt immer über sich selbst, ob er eine DNT-Premiere verreißt oder einen Film preist oder aus dem Krematorium das Ende des Lebens reportiert. Das ist richtig, aber es ist sein Vorzug, man könnte sogar schreiben: Das ist sein Markenzeichen.

Goldberg macht dem Leser klar: Es gibt keinen objektiven Standort, von dem aus man – wie aus göttlicher Perspektive – auf einen Menschen oder ein Ereignis schauen kann. Er, der Reporter, kann sich nicht verleugnen, er ist dabei mit seiner Seele und seinen Sinnen. Eine Reportage ist für ihn nie eine x-beliebige Reportage, es eine Goldberg-Reportage. Das hat wenig mit Hochmut oder Eitelkeit zu tun, auch wenn er dem Lob gegenüber aufgeschlossen ist.

Im Erfurter Ratsgymnasium gibt Henryk Goldberg Autogramme: Wenn ein Journalist um Autogramme gebeten wird, dann ist das eine gewöhnungsbedürftige Situation. (Foto: Marco Kneise)

Diese Form des Schreibens, die Ich-Reportage, ist allerdings so schwierig wie gefährlich. Sie gelingt nur dem Meister, und selbst der muss aufpassen, dass er nicht zum Propagandisten seines Weltbilds wird, dass er nicht abgleitet in den Bekehrer-Gestus eines Missionars. Denn die andere Form des Schreibens, die nüchterne und abgeklärte, ist nicht nur möglich, sondern die bevorzugte, vor allem für den Lehrling und weniger Begabten.

Wer seine Meinung und sein Weltbild nicht dem Leser aufdrängt, der folgt dem Ethos des Anthropologen: Der schaut auf die Welt mit den Augen Gottes bei der Erschaffung der Welt. Entdeckt ein Anthropologe einen Stamm in den Weiten des Amazonas-Dschungels, der noch nie die restliche Welt berührt hat, dann schaut er nicht durch die Brille des Kolonialherren, sondern des vorurteilsfreien Wissenschaftlers – neugierig und respektvoll. Das sei auch der Blick des Journalisten.

Goldberg hat den anderen Blick, und er darf ihn haben – weil er nicht mehr auf die Welt schauen kann wie in der Stunde Null der Schöpfung. Er weiß, wie die Welt ist nach der Vertreibung aus dem Paradies. Und er schreibt wie ein Vertriebener, doch mit dem gütigen Blick dessen, der den anderen Vertriebenen das Leben nicht noch schwerer machen will.

Deshalb lieben ihn so viele. Dabei ist Henryk Goldberg kein Typ, dem man Liebesbriefe schreibt. Überhaupt sind Redakteure kein Objekt der Begierde; sie sind allenfalls Objekte, denen man mit Distanz, gar Verachtung begegnet, mit Ironie und bestenfalls mit Mitleid. Für die meisten Leser sind Redakteure keine Objekte, weder für das eine noch für das andere, sondern Dienstleister; wenn's hoch kommt: unersetzliche Informations-Vermittler, wenn's noch höher kommt: unersetzliche Dienstleister der Demokratie.

Nur Henryk Goldberg bekommt täglich Liebesbriefe, manchmal stapelweise, wenn er den Nerv seiner meist leicht betagten Verehrerinnen und Verehrer gekitzelt hat. Dabei ist das mit den Stapeln nicht korrekt, denn Mails kann man nicht stapeln; aber Sprachbilder sind halt eine Kunst, die Redakteure beherrschen sollten. Henryk Goldberg beherrscht sie, meistens jedenfalls, und dafür lieben ihn seine Leser:

»Ich habe Ihnen ja sehr Ihren Urlaub gegönnt«, schreibt Regina P., »doch jetzt bin ich froh, dass ich wieder Ihre Kolumne lesen darf. Ihre Ehrlichkeit ist sehr wohltuend, und Sie bringen vieles auf den Punkt ohne ›herumzueiern‹«.

»Sympathie, Respekt und Hochachtung«, empfindet Peter K.

»Gespickt mit Ironie und Satire«, lobt Peter K. – »ich bin zeitweilig beim Lesen zum Lächeln auf offener Szene verurteilt.«

»Herzerfrischende Kolumnen«, rühmt Matthias D. – »im Gegensatz zu den oft zu lesenden Hiobs-Botschaften jedweder Form.«

Henryk Goldberg verpackt den Alltag, auch den garstigen, in schöne Sprache – ohne ein Weichspüler zu sein. So verzeihen ihm seine Verehrer auch, wenn er manchmal zuschlägt, weil die Welt durchdreht und er nicht mitdrehen will.

Henryk Goldberg bekommt auch Hassbriefe, vor allem wenn er über Katzen schreibt, was er eine Zeitlang ausschweifend tat.

Die Katzen inspirierten ihn nicht, zugegeben, zu besonders starken Kolumnen; dies ist auch der Grund, warum Katzen in dieser Sammlung nicht vorkommen. Allerdings brachten die Katzen-Kolumnen manche Leser aus dem moralischen Gleichgewicht – übrigens ausschließlich Männer.

Einer, Jürgen F., forderte sogar vom Chefredakteur:

»Wann entsorgen Sie endlich Herrn H. Goldberg, so wie dieser vorige Woche den Katzendreck in seiner Wohnung. Seine witzlosen, banalen und nichtssagenden Kolumnen sind kaum noch zu ertragen!«

Das war die Antwort, wie sie auch in der Zeitung stand, in der Samstag-Kolumne »Leser fragen«:

> *»Wir entsorgen Atommüll und Altöl, Fäkalien und Kadaver. Entsorgen wir auch Menschen?*
>
> *Redakteure kritisieren oft und hart und bisweilen ungerecht. Sie müssen selber oft Kritik einstecken, und sie ertragen sie oft auch nur schwer. Doch jeder Leser hat das Recht, die Texte eines Kolumnisten als witzlos, banal und nichtssagend zu brandmarken Aber einen Kritiker gleich entsorgen?*
>
> *Nun könnten Sie sich an unseren Thüringer Dichter-Heroen halten, auch wenn der nicht von der Katze schrieb: Schlagt ihn tot, den Hund! Er ist ein Rezensent.*
>
> *So beginnt ein Goethe-Gedicht, voll Ironie und Witz aber geschmacklos, so wie Goethe manchmal eben die Welt von oben herab betrachtete. In dieser Hinsicht ist unser Kolumnist Goldberg, wenn er über Katzen sinniert, eher ein Nachfahre Goethes als von Johann Sebastian Bach, der in einer Kantate nicht vom Entsorgen singen ließ, sondern von Weinen, Klagen, Sorgen, Zagen, Angst und Not. Doch so trübselig sehen weder Goethe noch Goldberg unsere schöne Welt.«*

Im Frühjahr 2014 treffen sich zwei ältere Herren, beide haben die sechzig überschritten, im Kaminzimmer des Hotel »Elephant« in Weimar. Sie unterhalten sich über das, worüber sich ältere Herren am liebsten unterhalten: die alten Zeiten. Der Versuchung, die alten Zeiten schön zu reden, widerstehen sie. Sie waren einfach nicht schön. Aber, darauf bestehen sie, sie waren nicht nur schlecht.

Die beiden lebten die längste Zeit ihres Lebens in verfeindeten Systemen des Kalten Kriegs: Der eine, der Kolumnist und Schriftsteller Harald Martenstein, wuchs auf und wurde ein politischer Mensch im Westen Deutschlands; der andere, der vier Jahre ältere Kolumnist und Journalist Henryk Goldberg, wuchs auf in der DDR, wollte mit seinem Vater in den Westen ziehen, aber er blieb: »Da kam ein Mädel dazwischen.«

Mit Harald Martenstein, einem von Deutschlands besten Kolumnisten, traf sich Henryk Goldberg im April 2014 im Weimarer Hotel »Elephant« zum ersten Dialog »Hüben wie drüben«. (Foto: Sascha Fromm)

Die beiden haben eines gemeinsam: Sie waren Genossen, sie waren Kommunisten, der eine zahlte seinen Beitrag an die Deutsche-Kommunistische-Partei, die DKP; der andere zahlte an die SED. Vielleicht war Martenstein, der DKP-Genosse im Westen, der überzeugtere Kommunist, zumindest war er es in einem antikommunistischen Umfeld.

Es ist erstaunlich, wie die beiden Intellektuellen mit dem Kommunismus, dem entsagten, kokettieren. Martenstein bekennt: »Ich bin kein Held, ich will auch gemocht werden. Also wäre ich auch IM geworden.« Goldberg bekennt: »Es war ja wirklich nicht alles schlecht. Es war ja mein Land, trotz alledem. Es war mir peinlich für das Land, als Genosse Generalsekretär 1989 im *ND* über die Flüchtlinge schrieb: ›Wir weinen ihnen keine Träne nach.‹ Das war unglaublich peinlich.«

Die beiden erzählen sich Anekdoten, der eine von einer Transitfahrt durch die DDR, als er sowjetischen Soldaten bei einer Reifenpanne geholfen hatte; der andere von Radio Luxemburg und der Hitparade mit Camillo Felgen. Es ist wie bei Tantes 80. Geburtstag, bei schlesischem Mohnkuchen und gutem Bohnenkaffee.

Am Ende des Gesprächs im Kaminzimmer sagt der westdeutsche Kommunist, der heute für die *Zeit* Kolumnen schreibt: »Ich habe bedauert, dass es mit der DDR zu Ende ging.« Henryk Goldberg denkt lange nach, dann spricht er langsam, als müsse er jeden Gedanken, jedes Wort prüfen:

»Die eigentliche Freiheit in der Wende war für mich: Ich bin genau das geworden, worüber wir uns vorher als gute kommunistische Intellektuelle lustig gemacht hatten, nämlich dieser bindungslose bürgerliche Intellektuelle, der an die Dinge herangeht aus seiner inneren Haltung heraus. Das war so ein großes Glück in meinem Leben, das war meine innere Befreiung.«

Goldberg beim Radrennen »Großglockner-König« in den österreichischen Alpen: einmal im Jahr das Gefühl genießen, man sei noch gar nicht so furchtbar alt. (Foto: privat)

1. Heißer Sand und ein verlorenes Land

Henryk Goldberg über Kindheit und Jugend

Der alte Herr
mit dem Kneifer

»Ich sah ihn mit der Waffe spielen und düster in das Blaue zielen. Sein Herz war kalt, sein Schweigen Mache und unverwandt sann er auf Rache. Er, der Ringo.«

Nein, ich bin jetzt nicht völlig durchgeknallt. Aber ich habe lange versucht, diesen Text zu finden. Oder vielmehr das, nun ja, Lied, in dem er, nein nicht gesungen, eher so gesprochen wird.

Es ist ein Western-Song aus meiner Pubertät und ich mochte ihn sehr. Ich mochte Western überhaupt und halte »Spiel mir das Lied vom Tod« für einen großartigen Film. Vor einigen Jahren habe ich sogar richtig viel Geld ausgegeben, um antiquarisch einen Western zu erwerben, den ich als Kind einmal gelesen hatte, er hieß »Tornado, der Rächer«.

Diesen Song jedenfalls, vorgetragen von einem Mann, der eindeutig nicht singen kann, habe ich nie vergessen. Ich suchte ihn lange bei YouTube, aber leider hatte ich den Namen des Künstlers verwechselt, er hieß nicht Ronny sondern Ferdy.

Aber dieser Tage habe ich ihn gefunden. Großartig. Nicht das Lied als solches, aber die Erinnerung. Aber ein bisschen, ok, ich schäme mich jetzt, aber ein bisschen auch das Lied.

Einmal in die Nostalgieabteilung geraten, machte ich gleich weiter. »Heißer Sand und ein verlorenes Land ...«. Kennen Sie das? Großartig, stimmt's? Zum Ausklang gönnte ich mir Hazy Osterwald: »Doch der Herr dort mit dem Kneifer, der sagt nichts mehr«. So wie ich jetzt. Ich geh nach Hause, bisschen Musik hören. »Afrika«. Großartiges Lied.

Von Bären
und Menschen

Eigentlich mochte ich diesen Typen nie wirklich gut leiden. Diese Klamotten! Diese frühbürgerliche Wohlanständigkeit! Und ein Gesicht wie Milch und Honig. Aber er hatte, lange vor der Erfindung des Knut, einen Kumpel, der war toll. Ein Bär. Das Buch hieß »Wo ist Teddy?« und jetzt kann ich diese Frage beantworten.

Teddy ist in Basel. Dort habe ich ihn letzthin getroffen. Es war in der frisch bezogenen Wohnung von Frau Dr. R. Die hatte folgenden Tages ihren Dienstantritt im neuen Krankenhaus und machte sich dennoch daran, dem Besuch ein überaus angenehmes Mahl zu bereiten. Was, unter uns gesagt, umso bemerkenswerter ist, als sie das nicht von ihrer dem Autor ebenfalls bekannten Mutter gelernt haben kann. Aber so was dauert und so bin ich derweil ans Bücherregal getreten. Anderer Leute Bücherregale sind immer interessant. Dies und das und jenes. Und dann das. Ein blauer Pappband. Genau, es war Teddy. Schau an, Frau Dr. R. hat lange nach mir noch die gleichen Kinderbücher geliebt. Mein Exemplar war irgendwie abhanden gekommen.

Ich blätterte nostalgisch und erkannte sie alle wieder. Diese blöden Strumpfhosen des Jungen, die er zu kurzen Hosen trug, ein Alptraum. Und einer mit starkem Wirklichkeitsbezug. So ziemlich die ersten schweren Kämpfe meines Lebens trug ich aus gegen die Zumutung, kurze Hosen mit langen Strümpfen zu tragen. Mit Strumpfhaltern! Dass Strumpfhalter auch ihren Reiz haben konnten, das lernte ich erst Jahre später, als es schon fast keine mehr gab. Und zudem war dieser Typ mit den Strumpfhaltern irgendwie anmaßend. Er fuhr nämlich mit seinem Bett durch die Stadt und gab an, als wäre er der kleine Häwelmann, dabei war er nur die kleine Pfeife.

Aber Teddy, der war auch da und frisch und fröhlich wie einst im Mai. Und dieses Ungeheuer von einem Hund. Natürlich, sie haben den Köter dann zur Sau gemacht, die lieben Spielsachen, aber fast hätten sie verloren. Doch dann kam dieser lustige Teufel wie der Kasper aus der Kiste gefedert und hat der Töle durch psychologische Kriegsführung einen Schock versetzt. Das war schön. Und womöglich, so frage ich mich, hat meine anhaltende, nun ja: Zurückhaltung gegenüber großen fremden Hunden mit diesem Köter zu tun und der Erwägung, dass der lustige Springteufel womöglich gerade anderen Ortes im Einsatz sein könnte. In Basel zum Beispiel.

Doch habe ich natürlich nicht nur Teddy geliebt, auch andere Tiere. Das ist nachgerade Bedingung für einen Redakteur dieser Zeitung. Obgleich ich beim Einstellungsgespräch nicht direkt danach gefragt wurde, hätte ich frohen Mutes antworten können. Denn ich liebte Kinuli und Mischa Kugelrund und Mutter Barbara und Rih, dem Kara Ben Nemsi zur Beschleunigung die Hand zwischen die Ohren legte, und ihm am Abend eine Sure des Koran als Gutenacht-Geschichte flüsterte, damals war das noch nicht verdächtig. Und, später, lernte ich auch Moby Dick kennen und den anderen großen Fisch, den der alte Mann aus dem Meer zieht. Und, natürlich, das so genannte Tier im Manne wollte ich auch treffen, aber da wusste ich schon nicht mehr, wo Teddy war.

Jetzt, wie gesagt, ist er in Basel bei Frau Dr. R. Und wenn die eines Tages einmal ein Kind haben wird, dann wird das vielleicht auch den Teddy lieben und den Köter hassen, das ist schön. Und dieses Kind wird vielleicht einmal fragen »Mama, was ist das für ein Name, der mit dieser komischen Schrift in dem Buch steht und mit dem Stempel auch?« »Das ist dein Großonkel Schatz.« »Ist der kein Kind mehr, braucht der das Buch nicht mehr oder hat er es weggeworfen?« Und gespannt bin ich auf Mamas zögernde Antwort. Denn sagen müsste sie: »Nein, mein Schatz, das hat die Oma ihrem Bruder geklaut, als er schon erwachsen war.«

Taste
und Elaste

Ralf W., so sprach Ines B., habe zwar einen kleinen Überbiss gehabt, »aber Knutschen konnte er gut«. »Ich weiß«, entgegnete die Dame lächelnd und ich wusste auch, woher sie das wusste. Sie hatte es mir einmal erzählt, eine alte Geschichte, in der ein Zelt vorkam und vier junge Menschen, von denen je zwei unterschiedlichen Geschlechtes waren. Der Abend wäre noch lustiger gewesen, hätten Herr B. und ich auch in einen Erfahrungsaustausch über eine gemeinsam geküsste junge Dame treten können, doch es war auch so ganz schön. Aber mir ließ dieser Ralf irgendwie keine Ruhe. Nicht wegen seiner Teeny-Affäre mit der Dame, sondern wegen der Sache mit Frau B. Die fand nämlich drei, vier Jahre vor der Geschichte mit dem Zelt statt – und da kann der Junge nicht älter als 14, 15 gewesen sein.

Es gibt, wie ich bedrückt einräume, keine Frau auf dieser Welt, die über mich so ehrenvolle Nachrichten verbreiten könnte wie die, ich hätte als 15-Jähriger gut geknutscht. Kann ja sein, ich hätte es gekonnt, ganz bestimmt sogar, aber ich habe mich nicht getraut. Dafür habe ich erstklassige Lieder über Sex gehört. Zum Beispiel »Schöner fremder Mann«.

Ach, dachte ich so bei mir, wenn ich einmal groß bin, dann möchte ich am liebsten ein berühmter Journalist werden und ein schöner fremder Mann. Aber ich war weder schön noch fremd. Die Mädels wussten, wer ich bin, aber das half auch nicht. Keine hat gefragt, ob sie mich küssen darf, aber so hätte es laufen müssen. Das ist der Vorteil, wenn man ein Mädchen ist, man wartet einfach, was passiert und irgendwann, irgendwie und mit irgendwem passiert es auch.

Mir passierte damals nur Frank Elstner – und das zeigt, wie schwer eine solche Pubertät sein kann. Und selbst der Frank war damals keine Selbstverständlichkeit. Obwohl das Radio während meiner Pubertät schon nicht mehr im Rufe einer technischen Innovation stand. Aber es neigte zum Rauschen und die Nachbarn, wenigstens glaubte man das, neigten zum Lauschen.

Eines Tages brachte meine Mutter es mit. Sie hatte es irgendwo gebraucht gekauft. Es hatte ein grünes, so genanntes magisches Auge und weiße Tasten. Tasten! Vermutlich aus Elaste. Die waren das Größte. Aber nicht das Beste. Das magische Auge, das mithörte, zeigte sich selten zufrieden und auch die Ohren nicht. Berliner Rundfunk, Radio DDR, das ging ja alles, aber das brachte es nicht. Die richtigen Sender gab's auf Kurzwelle, 49-Meter-Band. Was immer das bedeuten mochte, es war etwas ganz tolles. Aber es rauschte.

Da sprach mich, die Szene erinnere ich deutlich, ein Mann an in der Straßenbahn, so und so, und was mein Vater denn mache. Blöd und hilflos wie man so ist, antwortete ich, der sei im Gefängnis. Das war zwar die Wahrheit, aber doof. Irgendwie kam der Typ dann mit nach Hause, und später, viel später, erzählte mir mein Fräulein Mutter über ihre Vermutungen bezüglich dieses Mannes, der zu ihr in die Wohnung wollte während der staatlichen verordneten Abwesenheit ihres Mannes.

Mag sein, das war Quatsch, mag sein, es stimmte, jedenfalls machte der Mann sich wenigstens bei mir beliebt und vertrauenswürdig. Er nahm nämlich ein Stück Draht, steckte es hinten in das Radio und fortan hörte ich Radio Luxemburg. Frank Elstner, Jörg, den sogenannten Hit-Professor, und, natürlich, Camillo Felgen mit der Hitparade. Das war heiß. Später machte Frank Elstner Karriere beim Fernsehen, das fand ich dann nicht so spannend. Als ich Frank hörte, das muss so ungefähr die Zeit gewesen sein, als Ralf und Ines und die Dame geboren wurden. Der Sohn der Dame hat eine Freundin, und mit deren Vater war sie auch in einer Klasse, wie mit Ralf. Über die Zungenfertigkeit von Luises Vater, sagt sie, weiß sie nichts. Mal sehen, was Ines sagt.

Grießbrei
und Würstchen

»Zur Erinnerung: rechts geht's los«, sagt der Mann mit dem Mikrofon und dann geht's los. Ich sitze am Rande und schaue zu. Vor 45 Jahren bin ich vor solch einem Ereignis einmal geflüchtet und vor einigen Monaten habe ich es noch einmal gemieden.

»Man lässt die Dame nicht einfach auf der Tanzfläche stehen«, sagt der Mann mit dem Mikrofon mahnend.

Die Zöglinge des Fortgeschrittenenkurses, die schon ihren zweiten Ball tanzen, werden namentlich aufs Parkett gerufen, die Welttanznadel. Der Beobachter ist beauftragt, Laras Auftritt filmisch zu dokumentieren, aber Lara wird nicht aufgerufen, obwohl sie 38 von 45 möglichen Welttanzpunkten erhielt. Sie habe, sagt man ihr, nicht bezahlt. Sie hat aber, sagt sie, doch bezahlt.

Irgendetwas ist mit Tonis Unterrock passiert, sie arbeiten dran, so heißt es, auf der Toilette. Conni, Tonis Mutter sitzt neben uns, Tonis Vater ist noch nicht da. Er kommt später, sagt Conni, er muss Steine schleppen im Haus. Das ist gut, denke ich, so kann er die Dame, die ich begleite, nicht auffordern und ich muss Conni nicht, obgleich sie eine angenehme Frau ist, die ich schon lange kenne.

»Die Jungen«, sagt der Mann mit dem Mikrofon, »schauen alle zum Fenster, nach Windischholzhausen«. Ich frage mich, ob das der Mann ist, der mich vor 45 Jahren leiden ließ bei gleicher Gelegenheit oder schon sein Sohn. Als ich ihn das fragen will und frage, ob ich etwas fragen darf zwischen zwei Ansagen, da sagt er »Ne«. Kann sein, er spürt, dass ich derlei Exerzitien mit einer gewissen Distanz beiwohne, die von Herzen kommt. Und von den Füßen. Tonis Unterrock ist wieder in Ordnung. Sieben Mädchen sitzen, in sehr ernsthafte Gespräche vertieft, in unserer Ecke.

Mara arbeitet mit einem Taschenmesser, eine Lady führt so etwas immer bei sich, an den Sohlen von Sarahs Schuhen, die sind zu glatt.

Lara hat schon zu Hause mit einem Messer an ihren Beinen gearbeitet, aber das Pflaster fällt nicht auf.

»Da«, sagt der Mann mit dem Mikrofon, »ist gut Cha-Cha-Cha drauf zu Tanzen.«

Tonis Vater kommt, die Sorge war unbegründet. Tonis Vater ist ein Tänzer, wie der Begleiter von Laras Mutter, die beiden Herren sind einander wert, wie die beiden Damen bedauernd feststellen.

Lara bekommt die Welttanznadel doch noch. Ein Missverständnis. Ich stecke sie ein und trage sie später nach Hause, in gewisser Weise auch ein Missverständnis. Das hat eine Welttanznadel, bezahlt oder nicht, nicht verdient, dass sie von mir getragen wird. Vielleicht, dass ich erst einmal an der komplizierten Schrittfolge der lustigen Polonaise arbeite.

Toni tanzt mit Regina, obwohl sie eigentlich mit einem von den zwei Alexen tanzt.

Der lustige Richter, der neben mir sitzt, hat einmal einen Knoblauch-Schieber freisprechen müssen. Aber hier gibt es hier keinen Knoblauch, nur Wiener Würstchen und Ragout fin.

Regina ist auf der Toilette, die Strumpfhose rutscht, sie arbeiten dran. Alex wird Tonis Vater vorgestellt. Er scheint nicht der glücklichste Mensch in diesem schwierigen Augenblick, doch kommt es zu keinerlei Zwischenfällen.

Grießbrei, der etwas kleiner ist als Lara, muss mit ihrer Mutter tanzen, Walzer und andere Widrigkeiten. Grießbrei kann nicht ahnen, wie sehr ich ihn bewundere. Als ich im Grießbreialter war, da waren die Mädchen schon ein Problemfall, die Mütter wären die Hölle gewesen. Grießbrei, Junge, du hast es voll drauf! Ehrlich Mann, das sagt dir einer, für den die Polonaise schon eine Herausforderung ist. Als es zu Ende ist, da trägt Grießbrei lässig den schönsten Hut im Revier. Doch, das war ein richtig schöner Abend. Aber wieso eigentlich? Vielleicht, weil ich mich dieses Mal nicht gedrückt habe.

Von den Kämpfen
einst im Mai

Verzeihung, der erste Satz wird etwas länger. Gewiss, lieber Leser, der Sie ein politisch engagierter und hellwacher Mensch sind, erwarten Sie an diesem Tage, da wir uns in der Mitte befinden zwischen zwei historisch relevanten Maiendaten, eine erinnernde Reflexion, betreffend die Kämpfe einst im Mai. Reden wir von einst im Mai.

Einst, das war vor dreißig Jahren und furchtbar war es obendrein. Die kollektive Kujonierung fand, wenn Erinnerung nicht trügt, an einen jeden Donnerstag statt. Vormittag war UTP – wissen Sie noch: Unterrichtstag in der sozialistischen Produktion –, das war schon nicht so besonders gut, aber was will man machen, ein Schüler ist ein Schüler und eine arme Sau. (Ich schmolle übrigens noch immer mit dem Ausbildungsbetrieb und fahre so gut wie nie mit der Straßenbahn!). Aber die Hinrichtung pflegte am Abend stattzufinden, und der Gedanke schon ließ die Feile durch die feuchten Finger flutschen. Am Abend jedoch erhielten regelmäßig das »Ungenügend« von einer Gattung Mensch, die wesentlich wichtiger, wesentlich ernster zu nehmen war, als so ein Lehrer-Wesen, es waren die Mädchen, es war – o über die peinigenden Erinnerungen! – Tanzstunde. Sie spielten damals so ein Lied, »My Baby Baby balla balla« oder so ähnlich – und genauso fühlten wir uns. Balla, balla.

Zwar, ich kannte wohl ein paar Bücher mehr als die anderen, indessen, ich hätte – und mit Juchhei! – auf das Bücher-Wissen gepfiffen, wäre dafür nur mein Wissen über die unter den Blusen vermuteten lieblichen Landschaften ein wenig praktischer geraten. Es hätte nicht zwingend eine bestimmte sein müssen, Landschaft ist Landschaft, wenn der Naturfreund einfach etwas Auslauf sucht.

Und nicht findet. Damals erfuhr ich, ohne es zu wissen, das Prinzip der sich selbst erfüllenden Prophezeiung: So furchtbar ich mir den Abend dachte, so furchtbar wurde er. Und, zu allem, war der Bursche schon früh mit der masochistischen Eigenart jedes standesbewussten Intellektuellen versehen, dem gedanklichen Abschmecken der eigenen Misere, ohne diese dadurch im Mindesten geändert zu haben.

Anschließend gingen wir, wir Erfolglosen, zu »Franzn« in die Liebknechtstraße, nahmen Bier mit Pfeffi, da ließ sich gut brechen, und dann ging es wieder. Bis zum nächsten Donnerstag.

Irgendwann war der letzte Tag, da eine Partnerin zum Abschlussball, »engagiert« hieß das wohl, werden musste. Wir gingen, beinah geschlossenen Auges, tapfer auf solch eine Landschaft zu und sahen – Körbe waren verboten – wie sie ihrer Nachbarin resignierend Bedauern signalisierte, da sie an mich gefallen war. Ich – o über die Schande! – sagte »Sie« zu dem Wesen, bis die Göttin aus der fremden Schule freundlich erlaubte, sie zu duzen. Schließlich, der eine oder andere Fußtritt mag dazu beigetragen haben wie die perlende Konversation, fiel ihr gerade ein – »Mir fällt gerade ein«–, es müsse, das Wesen, zum Zeitpunkt des Abschlussballes, mit seinen Eltern verreisen. Für die Lüge war ich, unter Vernachlässigung der getretenen Würde, aufrichtig dankbar. Die Pause bot Gelegenheit zur Flucht und allen ging es besser.

So viel von den Kämpfen einst im Mai. Die Erfurter Tanzschule Traut übrigens beging dieser Tage ihren 50. und ich demonstriere nun doch noch im Mai, unsere seelische Größe nämlich, mit folgenden Worten: Herzlichen Glückwunsch.

Das Zeugnis
im Wandel der Zeiten

»Gestatten Sie, dass ich rauche?« Der Satz fiel in einem Sommerurlaub und es war ein wunderbarer Satz. Die zehnte Klasse, entgegen den Erwartungen aller zuständigen aufsichtsführenden Menschen, bestanden, das erste Ausland, Interflug, Varna, Goldstrand, Schwarzes Meer und Sonnenschein. Der Vater hätte die Frage wohl abschlägig beschieden, aber er saß nicht am Tisch. Da saß nur eine erwachsene, fremde Frau und der Bursche war 17 und empfand sich beglückend weltläufig. »Gestatten Sie, dass ich rauche?« Mann, was ein cleverer Satz, unser schönstes Ferienerlebnis. Schade nur, dass es so ziemlich genau dreißig Jahre alt ist in diesen Tagen. Dreißig Jahre nach der Polytechnischen Oberschule I, Erfurt, und zwanzig nach der Humboldt-Universität Berlin. Sommer der betrüblichen Jubiläen, was will man machen.

In alten Zeugnissen blättern – wenn schon nostalgisch, dann richtig –, die im Übrigen, aus pädagogischen Erwägungen, an einem den Kindern unzugänglichen Ort verwahrt sind.

Dabei, der eine oder andere Satz hätte, recht verstanden, auf die Besorgnisse der lieben Eltern um einen ausführbaren Beruf durchaus dämpfend wirken können. Kl.6b zum Beispiel, präzise die Klassenstufe, die unser lieber Sohn gerade absolviert hat. »Er liebt es«, schreibt Herr Stierwald, »Spitzfindigkeiten herauszusuchen«. War das nicht schon eine erste Hinweisung auf den späteren Beruf? Nun gut, nicht zwingend, das Land hieß DDR, und es war des Landes wie der Blätter nicht so sehr der Brauch. Aber der, Herr Leder, Klasse 9a: »Er arbeitete nur dann, wenn er Lust dazu hatte. Seine Leistungen in den Fächern Mathematik, Physik, Chemie, Biologie, Erdkunde und Technisches Zeichnen waren im 2. Halbjahr ungenügend«. Ohne Zweifel, die zielklare Perspektive eines Kritikers.

Auf dem Weg dahin, ein Jahrzehnt später, vor zwanzig Jahren, wurde uns tatsächlich ein Diplom ausgehändigt, und da Mathematik durch Dramentheorie, Physik durch Theatergeschichte usw. usf. ersetzt waren, sah es deutlich freundlicher aus. Voller Stolz also können wir aus der Einschätzung der Sektion Kunstwissenschaften und Ästhetik, angefertigt für den Zentralen Bühnennachweis, zitieren: »Auf Grund seiner publizistischen Neigungen arbeitete er im Praktikum am SED-Bezirksorgan *Das Volk* und …« – nein, das ist die falsche Stelle, eine andere: »Im III. Studienjahr wurde er zum 1. Sekretär der FDJ-Gruppe gewählt und …«, nun gut, das ist es auch nicht. Suchen wir weiter: »Seine positive politische Entwicklung führte dazu …«. Mir scheint doch, ich sollte das unproduktive Kramen in nichtssagenden Details einstellen und ganz allgemein feststellen: Ich war ein guter Student und stand dem Regime recht kritisch gegenüber.

Einer von denen, die mit uns ähnliche Beurteilungen erhielten, ist jetzt Deutschlands auffälligster Regisseur und Intendant der Berliner Volksbühne, ein anderer Intendant in Magdeburg, wieder ein anderer leitet die Theaterwissenschaft in Leipzig, einer schließlich schreibt für Thüringens berühmteste Zeitung und alle sind im Westen und keiner ist abgehau'n, was woll'n wir mehr, im Ernst? Nur mit unseren alten Zeugnissen, das ist ein bisschen doof, falls man sich mal bewirbt. Indessen, da fällt uns der Text der guten, alten Frau Brucha ins Auge, Klasse 3b:

»Henryk ist ein braver und guter Junge.«

Quod erat demonstrandum.

Goldberg vorm Bungee-Sprung in den frühen 1990er Jahren: Das einzige Motiv zu springen war die Angst vor der Peinlichkeit, sich nicht getraut zu haben. (Foto: Ingo Karrasch)

2. Der Mensch ist nicht zum Fliegen gemacht

Henryk Goldbergs
Geschichten vom Leben und vom Tod

Das Ding
mit dem Ansteckding

Dieser Tage lag ein Button auf meinem Schreibtisch. Für unsere Leser, die keine Anglizismen mögen: Das ist so ein rundes Ansteckding mit einer Art Sicherheitsnadel. Man kann es sich, wie der von mir soeben erfundene schöne deutsche Name schon sagt, anstecken.

Und auf meinem Ansteckding stand: Pfleg mich!

War das eine üble Provokation des Herrn Sch., obwohl der ja noch älter ist als ich? War es ein freundlicher Hinweis der freundlichen Physiotherapeutin, die mir dieser Tage meine Brille hinterher trug?

Nein, es war viel schmerzlicher. Die Dame hatte das Ding irgendwo bekommen, dienstlich, und mir hingelegt. Fand sie wohl lustig.

Aber vielleicht hat sie es auch nur, die Gute, gut gemeint. Vielleicht wollte sie es mir nur ersparen, sie, wenn es einmal so weit ist, um diverse Dienstleistungen bitten zu müssen. Schatz, würdest du mir bitte die Windel wechseln? Liebling, würdest du mir bitte noch einmal zeigen, wie man den Fernseher anmacht, ich kann nicht schlafen.

So was sagt ein Mann doch nicht gern. Ich werde also, wenn ich derlei Dienstleistungen benötige, mir einfach dieses Ansteckding an den Sabberlatz stecken. Und durch das Ausrufungszeichen wird es auch angemessen autoritär, so dass meine Würde als Mann keinen Schaden nimmt.

Dies war der Auftakt unserer neuen sozialpolitischen Serie »Leben im Alter – rechtzeitig vorbeugen!«

Das Geschenk
des Lebens

Hundert Jahre machen einsam. Und grenzenlos muss diese Einsamkeit wohl sein, wenn dieses Wesen das Letzte seiner Art ist.

Lonesome George war der letzte und deshalb nannten sie ihn den Einsamen. Er war die letzte Riesenschildkröte der Unterart Chelonoidis nigra abingdoni (hoffentlich habe ich das korrekt abgeschrieben) und ist jetzt auf einer der Galapagos-Inseln gestorben, mindestens 100 Jahre alt.

Und damit ist eine weitere Spezies von der Erde verschwunden. Das ist mehr als ein totes Tier, viel mehr: Das ist ein Menetekel – und vermutlich wird wieder niemand die Schrift an der Wand lesen wollen. Sie war schon immer das Kleingedruckte.

Der Tod dieser Schildkröte erinnert daran, wie kostbar Leben ist, wie unselbstverständlich. Alle Wissenschaft, alle Medizin wird nicht in der Lage sein, etwas so Schlichtes wie eine Schildkröte dieser Art wieder ins Leben zu rufen. Diese Lebewesen wird es nie wieder geben. Nie wieder, in aller Ewigkeit nicht.

Wer sich diesem Gedanken hingibt, den sollte ein wenig Demut überkommen. Das Geschenk des Lebens. Ein Geschenk, das, wie uns Lonesome George zeigt, nicht selbstverständlich ist. Das Individuum lebt unabänderlich zum Tode hin, aber selbst das Leben einer ganzen Spezies ist kein Gesetz.

Wenn der letzte Vertreter der Spezies Homo sapiens stirbt, wird das niemand bemerken.

Lohn der Angst

Mist. Nichts als Sonne. Nicht die kleinste Wolke. Und jetzt kommt da auch noch so ein Lukas …

… Dieser Lukas kennt Lara und lümmelt sich entspannt neben uns auf diese Wiese. Lukas trägt eine Zahnspange und kann ein Segelflugzeug fliegen, allein. Und ich fühle mich jetzt ziemlich allein.

Andere bekommen, wenn sie Geburtstag haben, eine Krawatte oder zwei Socken oder drei Wünsche frei. Und ich? Einen Fallschirmsprung. Die beiden letzten Wochenenden lief es gut, Scheißwetter, aber nun ist da oben nichts als brutales Blau. Sicher, ich habe das schon mal gemacht, aber da war ich 17, 18. Auch hier, in Bad Berka, es war die gleiche Wiese. Es ist wohl auch der gleiche Himmel, aber ich erinnere mich nicht. Ich weiß nur, dass ich heute keine Chance habe, es nicht zu tun. Also konzentriere ich mich auf die souveräne Lässigkeit, die beiden Damen sollen nicht schlecht von mir denken. Schließlich, ich bin heute der Held, und das verpflichtet.

Und das dauert. Es ist Flugtag und ich bin erst in der Maschine Nr. 8.

Irgendwann winkt Haase, Achim Haase, der Tandemmaster. Irgendwie wirkt er unangemessen entspannt. Mag sein, nach dem 2000. Sprung wäre ich das auch. Ich muss ein Formblatt unterschreiben. Das »Extrem-Risiko«, lese ich, bestünde darin »dass der Hauptfallschirm sich nicht öffnet und der Reservefallschirm ebenfalls versagt«. Sie verzichten darauf, den dann folgenden Vorgang zu erläutern, sie bauen auf die Fantasie des Kunden. Aber auf dem Klemmbrett, das Haase mir gibt, liegen mehrere solche unterschriebener Blätter. Es hat sie wohl noch kein Hinterbliebener angefordert.

Da fragt die Dame, damit sie nachher den Helden der Lüfte am Himmel identifizieren kann, ob der Chef immer wieder diesen blau-weiß-roten Schirm benutzt. »Ja«, sagt Haase, »wenn er aufgeht«. »Ja«, ergänzt einer der umstehenden Kameraden aus der 2000-Sprünge-Kategorie, »sonst macht ihr den Möllemann«. Ich grinse tapfer.

Aber das ist jetzt kein Scherz. Das ist die Cessna, Maschine Nr. 8. »Noch ein Angstkippchen?«, fragt Haase und dann ist auch diese Frist vorbei. Wir sitzen auf dem Boden, so werden sie vielleicht in Tadschikistan zum Markt fahren. Aber wir fahren in den Himmel, 4000 Meter. Das dauert ungefähr 20 Minuten, und das ist ziemlich lang, wenn einer weiß, er wird dieses Flugzeug verlassen, ehe es landet. Wir steigen.

Ich sitze zwischen Haases Beinen. Irgendwann spüre ich ihn am Rücken und höre ihn auch: »Links unten eingehakt, links oben eingehakt. Rechts unten eingehakt, rechts oben eingehakt«. Der Mann mit der Kamera am Helm lächelt mich an, es soll ja eine schöne Erinnerung werden. Ich lächle angestrengt zurück. Ich soll die Brille aufsetzen, sagt Haase.

Dann öffnen sie die Tür.

Irgendwann bin ich an einem Gummiseil von einem Kran gesprungen, das war der Ausnahmezustand. Das hier ist ziemlich aufregend, aber nicht so grauenvoll: Aus 60 Metern Höhe ist die Erde eine tödliche Drohung, bei 4000 Metern ist sie eine Schönheit im blauen Tuch.

Jetzt. Wir rutschen auf dem Hintern zur Tür. Ich sitze vorn, Füße in der Luft, Kopf im Nacken, Arme vor der Brust. Gleich, gleich werden wir fallen. Warten. Der Sturz. Und dann kommt das Glück. Der Lohn der Angst.

Der Mensch ist nicht zum Fliegen gemacht. Doch für diese Minute des freien Falls bist du auch frei von allem, was Menschen fühlen seit Menschen denken. Eine Minute wie ein Stein, der glaubt, er sei ein Vogel. Eine Minute Glück und Freiheit. Das ist es wert.

Als wir schon die Menschen auf dem Flugplatz erkennen können, fragt Haase, ob er den offenen Schirm nochmal drehen soll. Ja! rufe ich. Denn das sieht jetzt von unten bestimmt sehr gefährlich aus. Und grinse. Aber das sehen sie ja nicht, die da unten.

Leuchte mein Stern, leuchte

Ja, sagte die junge Dame L., und sie wolle jetzt nur noch fünf Minuten Dschungelcamp gucken. Vielleicht, weil wir gerade »Black Swan« gesehen hatten, das war dem Kind zu horrormäßig. So wollte sie wohl nach all der Schwärze noch bisschen bunten Horror. Dirk Bach in bunt, da hat das Grauen einen Namen. Wer die Guckgewohnheiten von jungen Leuten kennt, wird auf eine solche zeitliche Ankündigung nicht viel geben. Also, wir gaben nichts darauf und schritten auf den Balkon, die letzte Zigarette des Tages.

Es leuchtete kein Mond, es schimmerte kein romantisches Licht, es war nur saukalt. Lediglich das Glas Tee spendete ein wenig Wärme. Da öffnete sich, Überraschung, die Balkontür, die junge Dame wünschte eine gute Nacht, schloss die Tür und begab sich in ihre Gemächer. Hätten wir nicht gedacht, waren wirklich nur paar Minuten.

Wir wollten auch nicht lange draußen bleiben, es war kalt und so ein erleuchtetes, warmes Wohnzimmer verfügt, von außen betrachtet, über eine gewisse Anziehungskraft. Los, wir gehen auch ins Bett. Aber wir gingen nicht. Es ging nicht. Sie ging nicht. Die Balkontür. Auf.

Kann sein, die junge Dame L. hatte im Dschungelcamp gesehen, was andere aushalten und wollte nun einmal testen, wie hart ihre Mama und deren Typ ist. Obgleich, später behauptete sie, das sei ein Versehen gewesen und es täte ihr leid.

Uns auch. Und obwohl wir keine Stars sind, riefen wir auch: Hol uns hier raus!

Ganz leise. Schließlich: Was sollen die Nachbarn denken, was das für Zustände sind. Beleidigte Tochter sperrt Mama und Mann aus der Wohnung aus. Müssen ja Zustände sein. Müssten mal miteinander reden. Kann doch nicht so schwer sein.

War es aber. Wenigstens auf dem Balkon. Aber ich bin ein umsichtiger Mann, ich hatte das Handy in der Tasche. Später, viel später hieß es, es, das Kind, habe es, das Handy, im Bad vergessen. Vergessen, das ist unbedingt glaubwürdig in dieser Familie. Aber das half hier nicht weiter. Nach etwa zehn Anrufen verfestigte sich dieser Eindruck. Und er wurde nicht abgebaut durch das höhnische Klingeln des Festnetztelefons, mit dem ich dann unser Glück versuchte. Wir hörten es klingeln, dann hörte ich mich auf dem Anrufbeantworter sagen, ich möge doch eine Nachricht hinterlassen. Sehr lustig. Und sehr kalt.

Der Tee war ausgetrunken. So sachte gewann der Gedanke Raum, Shakespeare habe den Romantik-Faktor des Balkons womöglich überschätzt. Wenigstens, wenn Winter ist. Wenigstens, wenn der Mond, der wandelbare, nicht leuchtet und auch nicht recht klar ist, was zu schwören wäre. (Vielleicht, beim nächsten Mal sofort zu prüfen, ob die Tür zu öffnen ist.) Wenigstens, wenn die daselbst Aufenthalt nehmenden eigentlich und unbedroht ihren Aufenthalt im gemeinsamen Bett nehmen könnten. Wenn sie könnten. Aber sie konnten nicht.

Dafür war Gelegenheit, einmal in aller Ruhe zu betrachten, wie schön das Wohnzimmer ist. Und wie vorsorglich, wie weitsichtig wir doch sind. Durch das Glas der Balkontür sah ich die gläserne Teekanne im Wohnzimmer stehen. Im Stövchen flackerte fröhlich das Teelicht. Auf dem Balkon flackerten nur die Nerven. Denn oben war nur ein bewölkter, unbestirnter Himmel. Doch auf dem Schrank im Wohnzimmer leuchtete ein Stern. Es war der Weihnachtsstern. Irgendjemand hatte ihn dort abgelegt. Irgendjemand hatte ihn nicht auseinandergebaut. Es war wie ein Stern der Verheißung. Irgendjemand wird uns erlösen. Irgendwann.

Es geschah. Die junge Dame kam schließlich, müde und mürrisch, aus ihren Gemächern gewankt, gewährte Einlass und sprach: Wieso könnt ihr das nicht selber?

Es gibt Momente im Leben, da braucht ein Mensch Kraft und Stärke.

Todes Bruder

Eigentlich müssten wir jede Stunde lieben, in der der Schlaf uns flieht. »Komm o Tod, du Schlafes Bruder«, heißt es in einer Bach-Kantate. Und das gilt, ein wenig, auch umgekehrt.

Einschlafen, das ist ein wenig wie Sterben. Und den ersehnten, den tiefen Schlaf unterscheidet vom unersehnten Tod nur die Dauer. »Ich gedenke, einen langen Schlaf zu tun« verabschiedet sich Schillers Wallenstein vom Leben: Der Schlafende ist wie der Tote, nur, dass dies ein Tod auf Zeit ist, ehe der wirklich zeitlose kommt. Und Rainer Werner Fassbinder, dessen manische Besessenheit so groß war wie seine kreative Kraft, formulierte in seiner Angst vor Untätigkeit, was dem Wesen nach eigentlich ein jeder von uns denken sollte: Schlafen kann ich, wenn ich tot bin.

Wer wissen will, wie es einmal sein wird, nicht mehr da zu sein, der mag sich bedenken, was er noch weiß von seinem letzten tiefen Schlaf oder der Operation, da sie ihn mit scharfen Messern ins Fleisch schnitten. Und er erinnert: Nichts. So wird es sein, wenn sie uns verbrennen, wenn sie uns vergraben: Nichts. Die große, die alles mit einem schwarzen Schweigen verhüllende Gleichgültigkeit. Was geschieht, wird uns so bewegen, wie uns die Kreuzigung Christi bewegte, die Ausfahrt Kolumbus oder die Rückkehr des Korsen von Elba, als es geschah. Allerdings, wir haben nicht darunter gelitten, nichts von der Eröffnung des Eiffelturmes gewusst zu haben, das mag tröstlich sein. »Da ja nichts/mir je fehlen kann, vorausgesetzt/ich selber fehle«, sprach sich Bertolt Brecht Mut zu in der Berliner Charité, wenige Wochen, ehe er tatsächlich fehlte. Das ist die Wahrheit, doch ist eben der Gedanke, man selber könne fehlen in der Welt das schwer zu Denkende und das schwer zu Ertragende erst recht.

Und das Einüben auf diesen Zustand, den Schlaf, sollen wir tatsächlich vermissen? Ist die Notwendigkeit des Schlafes, das schmerzhafte

Bemerken seines Fehlens, nicht eine recht merkwürdige Einrichtung der Evolution? Die Biologie einmal beiseite, so fehlte uns mit dem Schlaf wohl jener einzige Ort, an dem wir das Wichtigste, was wir haben, unlimitiert leben können und allerdings ebenso unkontrolliert leben müssen: der Traum. Im Traum erfahren wir mitunter etwas über uns, das wir nie zu denken wagten, im Traum entwirft die Seele manchmal einen Teil von uns, von dem wir wenig wissen. Im Traum erfahren wir, so zu sagen, wovon wir träumen. Auch deshalb brauchen wir des Todes Bruder. Und vielleicht lieben wir ihn, weil wir beim Erwachen merken: Es war der Bruder nur.

Des Menschen Würde

Rita Wiederhold aus Sondershausen ist unheilbar an
ALS erkrankt und will selbst über ihr Leben bestimmen –
und über ihr Sterben auch.

Beim Schwimmen ist alles wie früher. Als ob alles ganz normal wäre. Der Körper tut, was sie will, sie ist die Herrin ihrer Bewegungen. Wie früher, ehe das anfing. Ehe begann, was nie mehr aufhören wird.

Am Anfang war ein Stolpern. Beim ersten Mal dachte sie, es wären die neuen Schuhe, zu eng, zu unbequem. Dann begann sie, das Bein nachzuziehen. Das heißt, nicht sie begann, denn das wäre eine bewusste Handlung; es begann, einfach so. Der Gang wurde schwankend, sie konnte nicht einfach so stehen bleiben. Nein, das waren nicht die Schuhe. Die Hausärztin fand nichts, sie sei, hieß es, gesund. Als sie nach einem Sturz nicht mehr aufstehen konnte, wusste sie es besser. Doch der Antrag auf einen Schwerbeschädigtenausweis wurde abgelehnt nach drei Monaten. Er ist, nach wiederholter Antragstellung, noch immer nicht genehmigt. Das Amt, sagen sie, kann sich ein Jahr Zeit lassen zur Bearbeitung. Für eine Frau, die keine 100 Meter alleine laufen kann.

Die Diagnose war hart und sie musste mehrfach ins Krankenhaus, bis es sicher war. Aber jetzt wurde sie wenigstens ernst genommen. Vorher sahen Ärzte sie an »als ob ich was an der Waffel hätte«. Und das hat die ausgebildete Gebrauchswerberin, so hieß das in der DDR, definitiv nicht.

Sie sitzt da in ihrem Sessel und wer es nicht wüsste, der würde nichts merken, so lang sie sitzen bleibt. Sie spricht souverän und wie selbstverständlich. Vor zwei Jahren hatte sie die Abkürzung ALS noch nie gehört. Jetzt sagt sie, als wäre das ein Wort wie jedes andere auch, »Amyotrophe Lateralsklerose«. Doch das ist kein Wort wie jedes andere auch, das ist ein Urteil. Wie oft mag sie in einschlägigen Texten gelesen haben, bis das so selbstverständlich über die Zunge geht?

ALS, das sagt sich so, ist eine degenerative Erkrankung des motorischen Nervensystems. Und diese Krankheit ist nicht heilbar, man kann den Verfall nur verlangsamen, nicht beenden. Stephen Hawkins, der Physiker, leidet an einer Variation dieser Krankheit, die dann extrem langsam verläuft. Aber dieser Verlauf ist die Ausnahme. ALS bewirkt den Ausfall von Muskelgruppen, und niemand weiß, welche Muskulatur als nächste befallen sein wird. Lähmungen aller Glieder, Sprach- und Schluckstörungen. Viele sterben an einer Lungenentzündung, auch die Atemmuskulatur ist betroffen. Es geht nicht um Heilung, es geht nur noch darum, eine Lebensqualität zu erhalten, so lang es möglich ist.

Rita Wiederhold weiß das. Und sie weiß, wie ihre Schwester starb, an der gleichen Krankheit. Es war ein qualvolles Sterben, am Ende hatte die Schwester keine Sprache mehr. Sie wartete nur noch auf Erlösung.

So wie sie als Kinder damals auf die Erlösung des Vaters warteten. Sie hörten seine Schmerzen und sie dachte: Wann hört das auf?

Sie sitzt da und erzählt, ihr Mann hat den Tee gekocht und die Tassen gefüllt, sie kann es nicht mehr. Wer die Szene so sähe, eine gediegenes Wohnzimmer, viel Grün, ein Schrank voller Bücher, könnte glauben, das sei ein Gespräch wie jedes andere auch. Über die Kacheln am Kamin zum Beispiel, die hat sie bemalt. Die Eberesche und die Erle und die Sommerlinde und noch viel mehr. Die Blätter exakt nach der Natur, die sie so liebt. Jetzt kann sie das nicht mehr. Nicht mehr 20 Kilometer durch den Harz wandern mit Hardo, ihrem Mann. Und nicht einmal mehr ihre Erinnerungen daran zeichnen. Noch kann sie die Finger bewegen, aber es ist keine Kraft mehr in ihnen. Keine Kraft, einen Stift zu führen, eine Spur im Ton zu ziehen. Nicht einmal backen, der Teig ist zu stark. Wenn sie sich anstrengt, sagt sie, verliert sie die Kontrolle über ihre Bewegungen. Nur beim Schwimmen, da ist es so wunderbar schwerelos. Als ob alles ganz normal wäre. Als ob sie wäre wie die anderen.

Und darüber will sie reden. Wie es ist, wie es werden kann, wenn für einen Menschen nichts mehr normal ist, nichts mehr wie für die Anderen. Dieses Gespräch fällt mir so schwer wie keines zuvor, ich bin gehemmt und sage es ihr. Ich habe noch nie mit einem Menschen zu tun, über den dieses unanfechtbare Urteil gesprochen ist. Es gibt keine Berufung. Vielleicht macht diese Gewissheit auch diese irritierende Stärke, die Rita Wiederhold ausstrahlt.

Und jetzt frage ich sie.

»Ja«, sagt sie, »das kann ich mir vorstellen.« Und die Frage war, ob sie ihren Suizid erwägt, wenn es einmal so weit ist.

Wie weit?

Sie hatte einen Brief an die Zeitung geschrieben und darin diesen Satz: »Ich habe mich mit der Krankheit beschäftigt und weiß, dass es ein sinnlos langes, hilfloses, würdeloses Sterben ist.«

Was ist Würde, Frau Wiederhold?

»Würde ist, dass ich von meiner Arbeit leben kann so lang ich arbeite. Und wenn ich mir nicht mehr selbst den Hintern abwischen kann und weiß, das bleibt jetzt so, das ist würdelos«.

Die Würde des Menschen, hatte jemand in der Debatte zur Sterbehilfe geschrieben, hänge nicht davon ab, dass einer sich selber abputzen kann.

Wer bestimmt das, außer der, den es trifft? Und mit welchem Recht?

»Ich bin« sagt sie, »ein mündiger Bürger und möchte selbst entscheiden – Leben ist für mich etwas anderes, als dahinzusiechen«.

Wer entscheidet, was Leben für Rita Wiederhold bedeutet?

Dann steht sie auf, um ins Bad zu gehen. Ich sehe, wie sie geht und weiß, warum sie sagt, sie traue sich nicht mehr auf die Straße ohne ihren Mann. Hardo fährt sie zweimal in der Woche zum Schwimmen und zweimal zur Physiotherapie. Das hält die Krankheit, vielleicht, auf, aber es heilt sie nicht. Nichts heilt mehr. Auch nicht dieses eine Medikament. Es verlängert das Leben, sagen die Ärzte, um etwa drei Monate, aber es bereitet ihr Beschwerden. Lohnt sich das? Das, was noch bleibt, zu beschweren für drei Monate, von denen man nicht weiß, wie sie sein werden? Sie weiß nicht, niemand weiß es, wie es weitergeht, welche Muskeln als nächstes versagen werden.

Wie lebt man, wenn es so ist, wie bei Familie Wiederhold? Sie sind seit 1963 zusammen, sie haben zwei Kinder und drei Enkel. »Du kannst«, sagt Hardo Wiederhold, »nicht den ganzen Tag darüber nachdenken, sonst wirst du verrückt«. Er fährt sie zum Eis essen mit ehemaligen Kolleginnen; gestern, erzählt er, waren sie bei einem Vortrag, das Oberharzer Wasserregal. Aber sie haben immer noch keinen Ausweis, der es ihm erlaubt, die Parkflächen für Schwerbehinderte zu nutzen. »Am Leben teilnehmen« nennt sie das, teilnehmen, so lang es geht.

Und wenn es einmal nicht mehr geht? »Das«, sagt der Mann, »kann ich mir noch nicht vorstellen«.

Die Frau kann es sich vorstellen. Ich frage sie, schließlich, jeder Mensch hat Angst vor dem Sterben.

Sie war schon einmal beinahe tot, eine Vergiftung vor dreißig Jahren. »Da war«, erzählt sie diese Annäherung an die letzte, die endgültige Grenze des Menschen, »alles hell, lauter Licht, eine schöne Landschaft und Musik war da auch. Seitdem macht das Sterben mir überhaupt nichts aus«. Und fügt diesen merkwürdigen, diesen befremdlichen Satz hinzu, den so oder ähnlich viele Menschen sagen, die das erlebt haben: »Es war eine angenehme Situation«.

Aber es geht auch darum, in welcher Situation einer stirbt. Sie hat es erlebt bei dem Vater und bei der Schwester. Sie glaubt, dass dem Vater, es war noch in der DDR, der Arzt schließlich heimlich Morphium gegeben hat. Die Schwester wurde künstlich ernährt, die Unfähigkeit zu Schlucken ist häufig eine Folge dieser Krankheit.

Rita Wiederhold hat eine Patientenverfügung, sie will nicht, hat sie festgelegt, künstlich ernährt werden. »Aber wie lange muss ich hungern, bis ich gestorben bin?«

Auch diese Frage hat mit der Würde des Menschen zu tun – und mit einem existenziellen Menschenrecht.

Aber manche – Politiker, Theologen –, sehen das anders, während eine Mehrheit der Deutschen die Möglichkeit aktiver Sterbehilfe befürwortet.

»Mich schauderts«, so hatte Rita Wiederhold uns geschrieben, »wenn Vertreter der Kirche und Politiker in Selbstüberschätzung ihre inhumanen Ansichten vertreten.« Und: »Jeder unheilbar kranke Hund wird von seinem Leiden erlöst«.

»Sie wissen nicht«, sagt sie, »wovon sie reden«.

Niemand weiß es vermutlich wirklich, ehe es ihn betrifft, das macht es so schwierig: Hier müssen Menschen, Politiker, Regeln schaffen und Gesetze, für ein Thema, das irgendwann jeden betreffen kann – aber eine begründete Meinung ist für jeden, der sich nicht in dieser Situation befindet, für den es nicht konkret wird, die reine Theorie, eine allgemeine Ethik. Und dennoch müssen diese Regeln sein, nur: Wie müssen sie sein? Und: Wie dürfen sie sein, um ihren Missbrauch auszuschließen?

Die quantitative und qualitative Entwicklung der Palliativmedizin ist ohne Zweifel ein Indiz für die Entwicklung der Gesellschaft. Aber irgendwann gerät auch die Palliativmedizin an ihre Grenzen. Und wer darf entscheiden, wann ein Mensch nicht mehr willens ist, diese Grenzen zu akzeptieren?

Aber wie stirbt man, wenn man sterben will? Wenn anderen verboten ist, dabei zu helfen?

Das führt dazu, dass Menschen solche Sätze sagen: »Wir haben einen großen Garten, da gibt es auch Giftpflanzen«.

Giftpflanzen.

»Die Ärzte dürfen ja nicht«, fügt sie hinzu.

Wir reden über die Bedenken, die es gibt gegenüber der aktiven Sterbehilfe. Sie kennen diese Debatte, seit zwei Jahren ungefähr bewegt sie das Thema. »Das hat überhaupt nichts zu tun mit der Euthanasie der Nazis«, sagt Hardo Wiederhold. Im Bücherregal steht eine Reihe von historischen Büchern, und eine kleine Abschweifung ergibt, dass der gelernte Lokschlosser sie auch gelesen hat.

Und natürlich kommen wir auf die Schweiz, auf Länder, in denen aktive Sterbehilfe nicht strafbar ist. »Da bin ich dabei, mich zu informieren.« Das ist ein Satz, nach dem der Besucher nicht recht weiß, wie das Gespräch weitergehen soll. Der Mann führt es fort. Was die jetzt in Belgien vorhaben, sagt er, das sehe er schon kritisch. Weil Kinder so etwas wohl nicht wirklich selbst entscheiden können, weil andere das für sie entscheiden.

Das, sagt Rita Wiederhold, sei es: das Recht und die Fähigkeit, bewusst selbst zu entscheiden.

Dann bittet sie ihren Mann, die Fotos zu holen. Es sind die vom letzten Thüringentag. Sie hatte den Märchenwald für die Kinder mit entworfen und die Hütten verzaubert mit Farbe. Hänsel und Gretel, die Lebkuchenherzen, die sie gemalt hatte auf das Hexenhaus. Jetzt könnte sie das nicht mehr.

Irgendwann traue ich mich, ihn zu fragen, wie er sich verhält, wenn seine Frau von Sterbehilfe spricht. »Ich rate ihr nicht zu und ich rate ihr nicht ab«, sagt Hardo Wiederhold.

Doch er wird akzeptieren, was sie entscheiden wird und er wird tun, was sie sich wünschen wird.

Schließlich, sie ist seine Frau. Schließlich, sie wird es besser wissen als jeder andere.

Und schließlich, denke ich nach diesen zwei Stunden, es ist ihre Entscheidung, weil es ihr Leben ist.

Die Tiefe

Was Sie schon immer über Drogen wissen wollten –
beim Bungee Jumping erfahren Sie es.

Ein Tag wie kein anderer.

Dabei, ich hatte mich doch immer gut geführt: die leitenden Mitarbeiter des Hauses höflich gegrüßt, nach Maßgabe meiner Möglichkeiten fleißig gearbeitet und auch die Brandschutzbestimmungen gewissenhaft befolgt.

Und dann das. Und nur, weil ich zu eitel war, nein zu sagen, als sie mich fragten in der Redaktion.

Und so langsam frage ich mich, wie lange ich diesen Kran noch beobachten kann, ohne dem starken Drang nachzugeben, den nächsten Stau nach Hause zu nehmen. Ach, denke ich, es muss herrlich sein, gemütlich im Stau zu stehen. Und stelle mich an.

Woher rührt dieses vollkommen irrationale Bedürfnis des Menschen, nicht versagen zu wollen gegenüber einer Aufgabe, wie sie sinnloser nicht zu denken ist, deren Erfüllung nichts und niemandem nützt – ausgenommen das eigene Selbstwertgefühl? Das ist das Geheimnis von Bungee Jumping. Der Mount Everest des kleinen Mannes. Man muss nichts können für diese Selbsterfahrung und das statistische Risiko geht gegen Null. Die Differenz von physischer Leistung und psychischem Erleben. Die Illusion des Risikos. »Ankunft im Alltag« hieß einmal ein Buch, dies ist die Flucht aus dem Alltag.

Man lässt mich einen Vertrag unterschreiben, darin zu lesen steht, dass ein Ereignis bevorsteht, dass den Vertragspartner an die Grenze seiner psychischen Belastbarkeit führen wird. Man stellt mich auf eine Waage und schreibt mir das Ergebnis auf die Hand; die Länge des Seiles wird nach dem genauen Körpergewicht berechnet. Man stellt mich auf ein kleines Podest und wickelt, sorgfältig, Bandagen um die Knöchel, darüber, noch sorgfältiger, die Schlaufen für das Seil. Man lässt mich in einen Fallschirmgurt steigen – eine zweite Sicherung, die noch nie benötigt wurde – und überprüft das Gewicht ein zweites mal: »Double Check« heißt das Prinzip, alle überlebenswichtigen Handgriffe werden zweifach geprüft, alle entscheidenden Kommandos erst nach dem Gegencheck ausgeführt. Hier arbeiten Profis, die wissen, worum es geht. Und: einmal daneben und auch das Geschäft ist tot. Bei Zehntausenden Sprüngen mit diesem TÜV-geprüften System in Deutschland gab es nicht einen tödlichen Unfall.

Ich weiß es, aber es hilft mir nicht.

Denn jetzt ist es endgültig soweit. Der Korb des Kranes ist zur Hälfte flach abgedeckt, darauf steht der Delinquent, Fußspitze Vorderkante, Nervenbelastung Obergrenze. Irgendjemand sagt, ich solle mich hinten festhalten, irgendjemand befestigt einen Karabinerhaken an meinem Gurt.

Und dann geht es hinauf. Der Mann hinter mir spricht leise, ein sensibler Profi, der diese Situation eines hochgereizten Menschen schon hundertfach erlebt hat. Der Korb steigt langsam nach oben, die Angst in mir wächst wie die Tiefe unter mir. Und dann ist auch diese letzte Frist verstrichen, der Korb verhält leicht schaukelnd im Wind.

Der Mann sagt, ich solle den Karabinerhaken lösen. Es dauert, und das liegt nicht am Zustand des Hakens. Die Arme auszubreiten verlangt er leise, den Kopf in den Nacken zu legen. Und: mich nach vor fallen zu lassen, wenn ich soweit bin. In die Tiefe.

Und dieser Augenblick – ich weiß nicht, ob es zwanzig Sekunden waren oder zwei Minuten – ist die Erinnerung und die Erfahrung, die bleiben werden. Ein ungekannter, ungeahnter Ausnahmezustand der – Pardon – Seele. Die Tiefe unter mir ist so unendlich wie die Leere in mir, wer öfter hier steht, mag das Freiheit nennen. Und eine Art von Freiheit ist es tatsächlich: Nie hatte ich weniger mit der Welt zu tun, nie haben mich Menschen, Job und Ehrgeiz weniger interessiert als hier oben. Und nie war ich so einsam, so grenzenlos allein. Dieser Moment, zum Zerreißen angefüllt mit überreizter Konzentration und einem tiefen Schweigen hat keine Biographie hinter und kein Leben vor sich. Er existiert nur hier und jetzt, losgelöst von aller Erfahrung und von jeglicher Zukunft auch.

Und dann beginnt der Film, in den ich mich fallen lasse, irgendwie. Da läuft ein überhitzter Wachtraum, surreale Empfindungen, gesteigert durch die unterbewusste Präsenz ihrer Wirklichkeit. Der Sturz in die grundlose Tiefe, 60 Meter: zu schnell, zu rasend, um wirklich realisiert zu werden im Kopf; zu extrem, zu intensiv, um nicht mehr zu sein als wenige Sekunden. die physikalische Realität stößt dich in eine Welt jenseits des Wirklichen: In diesen Sekunden erfährt, wer will, etwas über Drogen und Bewusstseinserweiterung. Eine elementare Kraft reißt dich nach tausend Jahren wieder hoch – etwa 30 Meter – im Umkehrpunkt ein seltsames, irrationales Schweben, wahrgenommen in unwirklicher Trance und jenseits aller Erfahrung. Und sekundenschnell, vielleicht schnurrt das Leben so zusammen vor dem Tod, der Gedanke, es wird gleich wieder hinab gehen, in die Tiefe. Und wieder der Sturz und wieder dieses Schweben, bis du sacht am Seil hinüber schwebst.

Die Matte, auf die sie dich legen ist nicht für den Körper. Die physische Belastung ist nicht wahrnehmbar im inneren Ausnahmezustand, sie ist für die Seele: Das Maß der Anspannung davor bestimmt den Grad der Erschöpfung danach. Ich reduziere die informierenden Gespräche mit dem Team auf das Minimum, der Job ist jetzt egal, und gehe langsam zum Parkplatz.

Ich will jetzt allein sein.

36 Schritte Freiheit

Henryk Goldberg war eine Nacht im Arnstädter Knast und hat beobachtet, was dieses Spiel mit ihm macht.

Nein, es gibt keinen Kübel. Es gibt eine geschlossene Toilette und einen Kühlschrank, und wenn hier jemand einzieht, der länger bleibt als ich, dann wird es auch einen Fernsehapparat geben. Die Zellen sind für die Journalisten nicht besser ausgestattet als sie es für die Gefangenen sein werden, im Gegenteil. Aber natürlich ist das für uns jetzt anders als es einmal sein wird. Aber es ist auch anders für uns.

Die neue Jugendstrafanstalt Arnstadt wird am 7. Juli den Betrieb, also die Gefangenen, aufnehmen. Und als eine Art Probebetrieb hat das Justizministerium die Presse eingeladen, eine Nacht im Knast zu verbringen.

Es ist ein wenig wie ein Abenteuerspielplatz. Etwas lustig und doch nicht nur. Die Kollegen werfen sich heitere Scherzworte zu: »Wie viel hast du? Schade, ich dachte du bleibst länger!«, dann werden uns das Gelände, die Werkstätten, die Sportmöglichkeiten, der Sakralraum, die Bibliothek gezeigt. Alles sehr schön, sehr neu, sehr modern. Aber das Eigentliche einer Haftanstalt liegt nicht, obgleich es wichtig ist, in dem, was sie bietet. Das Wesen ist das, was sie verhindert: Freiheit.

Ich ziehe in die Zelle OG2.1018 im Hafthaus 2, mein Name steht an der Tür. Bitte sehr, sagt Ralf Bäumler mit einem angedeuteten Lächeln – schließlich, wir spielen das Als-Ob-Spiel, und weist einladend auf die Tür. Dann schließt er sie hinter mir. Metall reibt sich an Metall und das Spiel gewinnt eine merkwürdige Realität.

Ein schmales Bett, die Matratze hochkant, ein Regal darüber, ein Sitzwürfel, der zugleich ein kleiner Schrank ist, ein Papierkorb. Eine Art

Schreibtisch mit einem Stuhl, Eiche hell, drei kleine Regale an der Wand, eine Pinnwand, ein Waschbecken. Ein Fenster, das sich öffnen lässt, ein Gitter davor. 6 Schritte von der Tür zum Fenster, das ist die lange Seite des Rechtecks. Die kurze misst zwei Schritte. Zwei Knöpfe, das Licht, niemand schreibt vor, wie lang es brennen darf, einer für den Notruf. Vor dem Fenster ein Sportfeld und dann der Zaun, 6 Meter, dahinter die Mauer. Und irgendwo das Leben. Neben dem Sportplatz ein großes Freiluftschachspiel, schwarz und weiß. Schwarz oder weiß, drinnen oder draußen. Meine Frau schickt mir eine heitere SMS: 15 Jahre vergehen wie im Flug. 15 Jahre sind die Höchststrafe für jugendliche Straftäter.

Aber auch eine Stunde – oder ist es nur eine halbe? – kann dauern. Sie lassen mich warten. Ich ziehe mich aus und suche einen Bügel für die Jacke. Es gibt keinen, wer hier einzieht, fällt mir ein, hat keine Jacke mehr.

Irgendwann öffnet Bäumler wieder die Tür, Aufnahmegespräch. Den Gang runter, die Treppe hoch. Werden sie jetzt ein Informationsgespräch machen oder ein Spiel spielen? Gehe ich da jetzt rein als Journalist oder als Strafgefangener?

Ich hätte, erklärt mir Andreas Bethge, Vollzugsabteilungsleiter, und blättert in seiner Akte, zwei Jahre, und ob es das erste Mal wäre. Doch ja, und ich wisse nicht, sage ich, ob es noch andere Verfahren gäbe. Ich habe, antworte ich Katja Müller, der Psychologin, meine Wohnung nicht abgemeldet, das könnte schwierig werden. Nein, antworte ich Janine Sporschill, der Sozialarbeiterin, ein Problem mit Drogen und Alkohol hätte ich nicht, Kaffee und Zigaretten würde ich vermissen. Gut, sagt sie, ein Grund mehr, ordentlich zu arbeiten, dann können Sie sich das kaufen. Und ihre Kollegin warnt mich: keine Tauschgeschäfte, nicht borgen, die Zinsen kommen auf 1:3. Manchmal, sagt die andere Frau, auch

1:5, und sie könnten nicht immer alles kontrollieren. Ja, noch eine Frage, ich würde gern Kontakt zu meiner Freundin haben, Brief und Telefon. Gut, entgegnet die Psychologin, und wie heißt Ihre Freundin? Ich überlege einen Moment, suche einen Namen. Dann sage ich den meiner Frau. Eine merkwürdige Situation. Es ist ein Spiel, aber dieses Rollenspiel als Gesellschaftsspiel verweigere ich; so etwas gewinnt eine irritierende Realität. Ich finde das nicht albern, ich grinse nicht – he, ich bin doch nur zum Spaß hier! –, ich antworte ernsthaft. Und antworte als ich. Ich war, sage ich, Bühnenarbeiter; ich habe, sage ich, zwei linke Hände.

Als sie mich nach meiner Freundin fragen, würde ich gern provozieren, würde gern so was sagen wie: Ich glaube, die Schlampe heißt Jasmine; ich würde gern eine Bemerkung machen zu dem sanften Ausschnitt von Katja Müller machen. Ich würde ihnen, um zu sehen, wie sie reagieren, gern so richtig derb kommen, wie sie es hier öfter aushalten müssen, aber ich kann es nicht. Ich sitze da als ich; als der, der ich vielleicht hätte sein können vor 40 Jahren. Und irgendwie will ich auch gefallen. Als Janine Sporschill mich wieder in die Zelle bringt, sehe ich den Ansatz der Tätowierung auf ihrem Rücken, da ist das Spiel zu Ende, ich muss grinsen und sage es.

Dann bringt mich Bäumler in die Kammer. Ich trage den grünen Korb in die Zelle, zwei Decken, Bezüge, Anstaltskleidung, ein Handtuch. Die Anstaltskleidung ist nicht gestreift, blaue Jacke, schwarze Hose, ein Jogginganzug, bequem, aushaltbar. Bett machen also, die Decke in den Bezug, das geht so halbwegs, aber wo zum Teufel ist das Kissen? Es gibt keines, wer will bekommt ein Keilkissen. Ich stopfe also die zweite Decke in den Kissenbezug, das sieht bescheuert aus und bedeutet außerdem, dass es in der Nacht etwas kühl wird. Ein anderer war cleverer, erfahre ich am nächsten Morgen, er hat die Klamotten unter den Kopf gelegt und sich unter zwei Decken. Ich müsste wohl sehr viel lernen im Knast.

Später holt mich Bäumler zum Freihof, sie führen uns den Drogensuchhund vor, ich darf den guten, den sauberen Gefangenen spielen. Noch später, die Wahl war Sport oder Gesprächsrunde, reden wir mit den drei Psychologen und Sozialarbeitern.

Dann ist, das hießt hier so, Freizeit, es ist gegen neun. Die Türen, zehn Zellen, stehen auf. Die Kabine des Aufsichtshabenden mit einem großen Fenster, so beobachtet können wir uns jetzt frei bewegen in der Wohngruppe. Die längste Entfernung zwischen zwei geschlossenen Türen ist 36 Schritte lang.

Tür ist hier ein anderes Wort. Türen verbinden hier nicht, sie trennen; sie laden nicht ein, sie schließen ein. Wer hier durch eine Tür geht, der braucht eine Erlaubnis. Dann schließt sich die Tür hinter mir, Einschluss. Es ist 21.35 Uhr, hier bin ich bis zum Morgen. Und, das ist die merkwürdigste Erfahrung dieses Tages und dieser Nacht, hier ist es am besten. Hier ist Sicherheit, auch für den Gefangenen. Natürlich, da ist ein Gitter vor dem Fenster, wie Gitter überhaupt das bestimmende Muster dieses Ortes sind. Aber hier verstehe, nein: fühle ich, warum das lauter Einzelzellen sind. Das verhindert Übergriffe – und es schafft Privatsphäre. Die Zelle als Freiraum.

Die Häftlinge können, wenn sie wollen, sich hier einschließen in der Freizeit, wenigstens gegenüber den anderen Häftlingen. Vielleicht fühle ich mich hier auch gut, weil hier das Spiel am deutlichsten ist. Ich weiß, da ist niemand vor der Tür, der gedroht hat, mir morgen eine aufs Maul zu geben. Für mich ist das hier wie eine fremde Kulisse und ich tue so, als wäre ich einer der Darsteller. Doch wenn die wirklichen Darsteller kommen, wenn es ernst wird, stehen die anderen hier. Und während ich das denke, hänge ich dem Gedanken nach, wie es wäre, hätte ich die Mindeststrafe hier. Sechs Monate, bis Weihnachten etwa. Und es fühlt sich ein wenig anders an.

Die eigentliche Beklemmung spürst du, wenn du am Zaun stehst. Sechs Meter hoch, oben die Drahtrolle, dahinter die Mauer. Und dahinter, wenn es denn gelänge, ein Land voller Polizisten. Hier zeigt sich das Wesen des Ortes in unverstellter Brutalität; hier bekennt sich, anders als in den Werkstätten, der Bibliothek, auf dem Sportplatz, die Architektur als dein Feind. Nein, sagt Uwe Jäkel, er ist seit 18 Jahren in diesem Job, einen Ausbruch hat er nie erlebt.

Ralf Bäumler, der mich am Abend einschließt, verabschiedet sich lächelnd. Wenn ich morgen zum Dienst komme, sind Sie schon entlassen.

Das ist der Unterschied. Andere warten Jahre auf diesen Satz.

Auf dem letzten Weg

Was mit uns geschieht, wenn wir gestorben sind

Die meisten schauen weg, wenn es um Tod und Sterben geht.
Henryk Goldberg hat hingeschaut.
Und erfahren, was wirklich wichtig ist.

Wir kommen durch die Hintertür. Der Tod kommt meist durch die Hintertür, wer begrüßt ihn schon erwartungsfroh vor dem Haus. Und vor allem: Er geht durch die Hintertür. Da fällt er nicht so auf, da wird er nicht so gesehen. Wer will ihn schon sehen. Sterben ist ein Thema, das im Alltag eher mit scheuer Beklemmung wahrgenommen wird. Obgleich oder vielmehr weil die einzige Gewissheit im Leben eines Menschen die des Todes ist. Diese Scheu wird wohl bleiben, solange Menschen ihr Sterben nicht als Normalität hinnehmen. Und wie sollten sie das?

Wir stehen an der Hintertür, dem Hinterausgang des Katholischen Krankenhauses in Erfurt. Horst Walther, der Chef, Doreen Rommel und Enrico Frenger. Für Doreen, die Jüngste, knapp über 20, ist das ihr Traumberuf, sagt sie. Kann sein, es ist, weil die Dienstleistung, die sie erbringen, für sie statistisch noch Jahrzehnte entfernt ist. Enrico, etwas älter, ist eigentlich Zimmerer und er sieht aus wie ein Mann, der auch als Türsteher arbeiten könnte. Später wird er sagen: »Ich nehme das nicht mit nach Hause«.

Das tun sie alle nicht, und wer das täte, hielte es nicht aus in diesem Beruf. Denn der Tod ist ihr Beruf. Nein, nicht eigentlich der Tod. Das, was kommt, wenn nichts mehr kommt. Der letzte Weg, den der Mensch nicht mehr alleine geht.

Hier, hinterm Krankenhaus, stehen Menschen in weißen Kitteln und rauchen. Sie schauen nicht zu uns, nicht zu dem weißen Auto. Das passiert hier jeden Tag. Hier ist Sterben Teil des Lebens. Fremden Lebens.

Horst Walther und Enrico Frenger schieben den Sarg, reines Holz, er wird verbrannt werden, auf dem rollbaren Untersatz. Doreen hat den Schlüssel geholt. Dann fangen sie an.

»Prosektur« steht an der Tür. Ein erster, sachlicher Raum. Sie ziehen die Jacken aus, sie krempeln die Ärmel hoch, sie nehmen den Deckel des noch leeren Sarges ab. Dann ziehen sie die blauen Schürzen an und die Handschuhe. Nein, sie trauern jetzt nicht. Sie arbeiten.

Der nächste Raum. Sie rollen den Sarg hinein, der ist mit weißem Stoff ausgeschlagen. Silberne Stahltüren, zwölf Stück. Dahinter kühlen sie, was einmal Menschen waren. Vier Kühlzellen sind belegt. Eine Tafel an der Wand verzeichnet die Namen. Wir haben die Nr. 7, die Daten werden sorgfältig verglichen. Die Frau, die vor vier Tagen starb, wurde 1932 geboren.

Und sieht aus, als schliefe sie. Friedlich, sagt Walther, als ob sie einverstanden sei. Viele sterben anders. Sie wird besprüht, es ist wegen dem Geruch. Auch ins Gesicht, und da begreift man gleichsam mit der Seele: Das ist der Tod. Kein Rühren, kein Zucken. Das war einmal ein Mensch. Diese Frau wurde geliebt und begehrt, sie hat Kinder geboren und gestillt.

Hier kannst du Demut lernen.

Die Frau wird entkleidet, ich zwinge mich, nicht wegzuschauen. Sie heben das Laken an, es ist Blut an manchen Stellen, und sprühen darunter. Sie drehen die Frau, unter dem Laken, wieder Desinfektionsspray, überall hin. Die Augen sind geschlossen, der Mund auch. So müssen sie ihn nicht nähen.

Es ist Blut am Hals, Frenger hält den Kopf hoch, Walther legt eine Mullbinde. Es ist wegen der Angehörigen. Auch, dass Doreen und Frenger jetzt die Finger biegen. So können sie ihr die Hände besser falten.

»Kein Auslaufen im Genitalbereich«, sagt jemand. Dennoch, sie lassen ihr die Windel, die wird niemand sehen.

Jetzt schieben sie den Sarg neben die Bahre. Hände, Füße, sorgfältig, sanft beinahe legen sie die Tote in den Sarg. Sie schieben die Ärmel des letzten Hemdes über die Arme.

Und auf einmal, wie sie so liegt, in diesem weißen Hemd auf diesem weißen Laken, ist alles anders. Eben noch ein Leichnam mit Blut und Windel. Und jetzt eine alte Frau mit Würde, umgeben von der Erhabenheit des Todes.

Das ist der Wert, die Notwendigkeit der Rituale und ihrer Bilder. Der nackte Leichnam auf der Bahre, das ist kein Bild, das in mir, und anderen, eine emotionale Erfahrung bedient, keine wenigstens, die mit einer Vorstellung vom Menschen einhergeht. Aber die Frau im Sarg, das ist eine Ikone des menschlichen Lebens.

Doreen legt der Frau eine rote Blume auf die Decke, jemand hatte sie ihr auf das Totenbett gelegt. Sie war vorhin schon da, sagt Doreen. Ich hatte sie nicht gesehen, meine Beobachtung funktioniert hier anders als sonst. Die Blume ist schon welk. Enrico Frenger, der Mann, der an der Tür der Diskothek arbeiten könnte, kämmt der Toten sorgfältig das Haar.

Horst Walther macht das seit 32 Jahren. Seitdem, sagt er, lebe ich bewusster.

Dann schließen sie den Sarg und bringen ihn in das weiße Auto. In vier bis fünf Tagen wird er verbrannt. Und der Körper darin, der einmal Lust und Schmerz empfinden konnte auch. Im Krematorium.

Hier hinten sieht es aus wie ein normaler Betrieb. Und es ist ein Betrieb, er hat eine Bilanz, er hat eine Kapazität und er hat einen Auftragsbestand. Im Jahr etwa 2000 Aufträge. 2000 Särge. Erwachsene kosten mehr als Kinder. Erfurt, das Krematorium.

Hierher kommen keine Besucher. Nicht, weil sie nicht dürfen: weil sie nicht wollen. Obwohl, sagt Jens Kratzing, er ist Abteilungsleiter, wir haben nichts zu verstecken. Wer sich als Angehöriger das antun will, dem steht das frei. Er habe das aber, sagt Kratzing, in all den Jahren nur zweimal erlebt. Ich verstehe das, es sieht hier, wieder ein Hintereingang, eben so aus, wie ein Betrieb eben so aussieht. Nur, wenn man weiß, welche Art von Betrieb das ist, dann wirken die beiden Schornsteine auf einmal anders. Und später, an den Öfen, da werde ich es noch viel besser verstehen.

Hierher, in eine dieser zwölf Kühlzellen, in diesen gekachelten Raum kommen alle, die auf den Erfurter Friedhof kommen werden, ob in einer Urne oder im Sarg. Jeder zugelassene Bestatter verfügt über einen Schlüssel, mit dem er jederzeit Zutritt hat. An den Türen, sauberes, silbriges Metall, die Daten der Verstorbenen. Einer der Toten lebte vier Monate. Da ist kein Trost.

Die für das Krematorium bestimmten Särge lagern in einem gesonderten Raum. Jetzt sind es zehn. Sie stehen auf Rollen, so kommen sie praktisch an ihren letzten Bestimmungsort. Zweimal in der Woche kommt der Amtsarzt zur Leichenschau, auch dafür gibt es einen eigenen Raum. Kein Leichnam darf eingeäschert werden ohne die amtsärztliche Leichenschau. Nur wenn der Arzt keinerlei Zweifel am natürlichen Tod des Menschen hegt, darf er eingeäschert werden. Die Kremierung ist so endgültig wie der Tod. Etwa 90 Prozent der Verstorbenen werden auf eigenen Wunsch eingeäschert.

Eingeäschert.

Es ist ein großer heller Raum, Kacheln an den Wänden. An einer Wand eine große Kabine, verglast. Dahinter an ihren Arbeitsplätzen drei Männer, sie beobachten die Bildschirme der Computer. Diese Bildschirme könnten auch den Herstellungsprozess von Geräten anzeigen, aber das tun sie nicht. Sie zeigen den Verbrennungsprozess von Menschen an. Farbig und kühl. Und so muss es sein.

Für die Männer hier wird der Tod zu etwas Abstraktem. Sie haben keinen unmittelbaren Kontakt zu den Toten, sie sehen nur die Särge, nur Holz, nur die Verpackung. Aber wenn hier jemand seine Arbeit in einer Weise tut, die nicht respektiert, dass das Menschen waren, die auch hier noch den Anspruch auf Würde haben, dann bleibt er nicht lange hier, sagt Jens Kratzing.

In der Wand, auf die sie blicken von ihrer sauberen Glaskabine, sind zwei große silberne Türen. Ein Sarg, bewegt durch einen lautlosen Mechanismus, gleitet auf eine der Türen zu. Es sind die letzten Meter, die der Körper zurücklegt und kein Mensch begleitet ihn dabei. Ab hier geht es vollautomatisch.

Die Tür öffnet sich, sie ist so programmiert, und was ich dort sehe, das habe ich schon tausend Mal gesehen, aber hier sieht es anders aus: ein Glühen, ein flackerndes Rot. Und im Augenblick, da der Sarg ganz umgeben ist von diesem Flackern, beginnen kleine Flammen zu züngeln an ihn, das Feuer tut sein Werk. 1200 Grad. Dann schließt sich die Tür.

Nein, ich möchte nicht hier stehen, wenn ich wüsste, sie schließt sich hinter einem Menschen, der mir wichtig war. Natürlich, es muss sein. Aber sehen möchte ich es nicht.

Kratzing zeigt mir das kleine Loch hinten am Ofen, ich zwinge mich, hindurchzusehen. Der Sarg brennt, er lodert, er steht in Flammen. Es ist ein unwirkliches Bild. Ich kenne solche Bilder aus dem Kino, hier ist es anders. Hier ist es das richtige Leben. Das richtige Sterben.

Im Kaminzimmer des »Elephant«, in dem auch schon Thomas Mann und Udo Lindenberg gesessen hatten: Henryk Goldberg und Harald Martenstein (rechts) beim Ost-West-Streitgespräch der *Thüringer Allgemeine*. (Foto: Sascha Fromm)

Der Ofen geht über zwei Etagen. Wir gehen die schmale Metalltreppe hinunter, lauter Technik, Leitungen, Röhren. Und hier unten ist das Produkt dieses Betriebes.

Die Asche.

Ich bin froh, dass ich diesen Menschen nicht kannte, das macht es leichter. Nur so kann man hier arbeiten. Oben arbeiten sie mit großen Behältnissen aus Holz. Hier unten bleibt die Asche. Sie ist grobkörnig, mit größeren Teilen vermengt. Sie kommt noch in die Aschemühle und dann in die Aschekapsel.

Hunderte davon sind, in kräftiges Papier eingeschlagen, gestapelt an der Wand. Arbeitsmaterial. Sie werden alle gebraucht werden und manche von Menschen, die noch dieses Weihnachtsfest feiern werden.

Jeder tote Mensch, der hier eingeliefert wird, erhält eine Nummer. Diese Nummer begleitet ihn bis in die Urne, so schließen sie Verwechslungen aus. Niemand würde es bemerken, aber der Mensch, der trauert, hat das Recht auf die Gewissheit, das Recht auf seinen Toten. Dafür arbeiten sie hier mit Akribie und Respekt.

Ich habe da unten gesehen, zum ersten Mal, was bleibt vom Menschen. Von Liebe und Leid, von Sehnsucht und Angst, von Freude und Trauer. Ein Mann, eine Frau? Ein Wissenschaftler, ein Drogenabhängiger? Ein Humanist, ein Verbrecher? Hier ist es gleich.

Aber nur hier. Und das hier ist nicht die letzte Wahrheit. Denn was bleibt vom Menschen ist nicht wirklich die Asche. Es sind die Erinnerungen derer, die diesen Menschen liebten und brauchten. Dass der Mensch in den Erinnerungen anderer weiterlebt ist eine medizinische Lüge. Aber es ist auch eine menschliche Wahrheit. Und vielleicht die Wichtigste. Es ist die Wahrheit, die das Leben lohnt.

3. Wie rot war es unterm blauen Hemd

Henryk Goldberg über seine alte Heimat: Verdrängung war das Prinzip der DDR

Lasst ihn reden!

Doch, ich bin gegen Rechtsextremismus. Das muss ich schon aus egoistischen Erwägungen. Ich bin auch gegen jede Art von Ausländerfeindlichkeit. Und ich bin dafür, dass Thilo Sarrazin in Erfurt reden darf.

Die geplante Lesung aus dem Buch »Deutschland schafft sich ab« in einem sonst der Unterhaltung dienendem Saal hat eine Protestbewegung erschaffen. Ein offener Brief, Unterschriften für die Forderung an den Veranstalter: Absagen!

Ich würde, wenn mich jemand fragte, diesen Brief in keinem Falle unterschreiben. Ich finde, bei der Gelegenheit, auch die entsprechenden Äußerungen von Joachim Gauck nicht so furchtbar. Gewiss, Sarrazins Texte haben mitunter einen Ton, einen Unterton, die mir den Mann außerordentlich unsympathisch machen. Aber er hat einige Probleme thematisiert, die kaum zu bestreiten sind – und die doch politisch korrekt beschwiegen wurden. Natürlich ist der Islam zu Teilen ein kulturelles System, dass sich einer Integration verweigert, natürlich kämpft der Islam zu Teilen gegen die Aufklärung.

Und wenn man einen Dialog der Kulturen will, eine Integration, dann muss man sich damit auseinandersetzen. Verdrängung als Mittel der Problemlösung war das Prinzip DDR.

Man muss Thilo Sarrazin nicht mögen, aber er ist kein Nazi. Am 9. Mai 2012 will er sein Buch in Erfurt vorstellen, und eine Allianz kämpft für das Verbot dieses Auftritts. Am 10. Mai 1933 wurden in Deutschland Bücher verbrannt.

Der Dulli
mit dem Dödel

Kennen Sie Paul Richard Carl Kohl? Nein? Sollten Sie aber. Denn die meisten von Ihnen, so hatte ich zu lernen, kennen seine Erfindung. Nur ich nicht, weshalb ich als Wessi gelten kann.

Aber der Reihe nach.

Ich hatte es schon fast vergessen, ich hatte es auch schon damals nicht verstanden. Die Dame hatte hier einmal eine Kolumne über Männer und Frauen, worin übrigens viele unwahre, böswillige Gemeinheiten über Männer im Allgemeinen und einen speziellen, wunderbaren Mann im Besonderen vorkommen. Da hatte sie also über einen Elternabend geschrieben und die These aufgestellt, die Ost- und die Westeltern könne man an der Kenntnis des Wortes »Aktendulli« unterscheiden.

In der vergangenen Woche wurde ich daran erinnert, denn sie, die Seniorenbegegnungsstätte, hatte sie, die Dame, nach Nordhausen, eingeladen um sie, die Kolumnen, vorzulesen.

Und da war er wieder, der Aktendulli. Erfunden von? Na? Genau: Herrn Kohl in Chemnitz, 1939.

Ich habe dieses merkwürdige Wort, Ehrenwort, in der DDR nie gehört. Oder kann mich mindestens nicht mehr erinnern. Und fragte mich, ob ich nun wegen dem Dulli der Dödel sei. Aber nein. Ich bin ein Wessi. Dulli? Nie gehört.

Andere machen das schon länger und fahren gut dabei.

SED? Nie gehört.

Ruhe ist
das erste Bürgerrecht

Früher wäre heute Mittwoch gewesen. Einfach Mittwoch. Ich wäre früh aufgestanden und hätte das Bruttosozialprodukt gesteigert. Oder doch wenigstens einen Bericht dieses Inhaltes verfasst.

Heute ist heute Feiertag. Ich werde früh aufstehen und etwas für meine Fitness tun. Und wenn die Dame Glück hat, dann darf sie mit Emil in den Zoo. Auch ich hätte dann auch Glück, denn sie hätte gute Laune.

Und am Sonntag wäre früher einfach Sonntag gewesen, ein verschenkter freier Tag. Ich hätte sehr schlechte Laune gehabt, schon von der Lektüre der Unsere-Republik-hat-Geburtstag-Zeitungen. Und womöglich wäre ich ja an der Produktion des Schwachsinns beteiligt gewesen. Ein Grund also, diesen Tag der deutschen Einheit zu mögen.

Ein anderer ist der Umgang mit Tagen wie diesen.

Dieses Land erwartet von mir, dass ich Verkehrsregeln einhalte, Steuern bezahle und keine Handgranaten werfe. Es erwartet nicht von mir, dass ich das Vaterland, das teure, öffentlich preise. Es besteht nicht darauf, mein Land zu sein, obgleich es das ist. Und niemand kann mich zwingen, in Ausübung meines Berufes Lieder zu singen, die ich nicht mag. Wer mag, kann heute für sich die schönsten und die bittersten Folgen der Einheit bestimmen. Auf meiner Negativliste stehen die Arbeitsagenturen und die sich öffentlich selbstgewiss spreizende Dummheit.

Das Beste an diesem Land aber ist vollkommen klar: Es lässt mich in Ruhe.

Bildung für alle,
die »dafür« waren

Ach Leute. Ihr wart doch auch dabei, damals. Damals, als jeder, der zur Erweiterten Oberschule (vulgo: Gymnasium) wollte oder zum Studium, ein Attest benötigte. Gesellschaftlich aktiv, Klassenstandpunkt klar, Einstellung positiv.

Wenn einer wohlmeinende Lehrer oder Vorgesetzte hatte, bekam er ein solches Papier ohne sonderliche Kopfstände. Bodo Witte, der damalige Erfurter Intendant, stellte mir ein solches Zeugnis aus, so kam ich zu Abitur und Diplom, obgleich mir damals, anders als später, die DDR so ziemlich Hekuba war.

Aber es ging auch anders. Es ging nicht ohne FDJ, es ging selten, wenn einer aktiv in einer Jungen Gemeinde war und es ging, wechselnd mit den Jahren, schwer, wenn die Eltern den falschen Beruf oder die falsche Einstellung hatten.

Und jetzt gibt es Leserbriefe, die das bezweifeln. Dabei, da gibt es nichts zu zweifeln. Die wenigstens behauptete »positive Grundeinstellung zu unserer Republik« war eine Grundvoraussetzung jeglicher höherer Bildung. Und Angela Merkel, die diesen Zuschriften zum Argument dienen muss, wird getan haben, was doch viele taten: bisschen gesellschaftliche Aktivität, bisschen Klappe halten. Wie rot es wirklich war unterm blauen Hemd, das ging keinen was an.

Hohle Worte

Leute. Man muss es ja nicht mögen. Und ihn auch nicht. Aber doch nicht so.

»Wie hirnbefreit muss man denn sein, um für die hohlen Worte eines Fundamentalistenführers auch noch Geld zu bezahlen?«

»Hier wird mal wieder ein Furz losgelassen, obwohl das Popsloch für den ablassenden Wind gar nicht groß genug ist.«

»Auf der Toilette des Übernachtungshotels bitte nicht die Probenröhrchen vergessen: So schnell kommt man nie wieder zu Heiligem Stuhl.«

»Der Eichsfelder Katholenmüll.«

»Dieser ganze Papsthype zeigt eigentlich nur: Thüringen ist ganz schön verblödet.«

»Ihnen ist aber schon klar, dass dieser Humbug am meisten auftritt, wo die Bevölkerung am wenigstens gebildet ist.«

Sie werden es bemerkt haben: Diese Thüringer Wortmeldungen im Internet stehen nicht eben für einen sonderlich hohen Bildungsgrad im Lande. Und für andere Werte, sagen wir: Respekt, auch nicht. Wofür diese Polemiken gegen den Besuch des Papstes stehen, das ist ein Mangel an Diskussionskultur. Wer so etwas schreiben und veröffentlichen kann ohne Scham zu empfinden, der soll sich nicht erregen über die Demagogie der DDR und die Intoleranz anderer.

Und, Leute, erregt euch nicht, wenn nächstens mal wieder einer aus dem Westen über das Demokratieverständnis des Ostens redet. Ihr liefert ihm doch die Argumente.

Zum Tag der Republik

Dieser heutige Tag ist ein besonderes Ereignis im Leben eines jeden Bürgers unserer Republik. Schließlich begehen wir, nach den begeisternden Feierlichkeiten zum 50. Jahrestag, nunmehr stolz den ersten Republikgeburtstag im neuen Jahrtausend. Und so ist es nur angemessen, dass die Werktätigen, kaum, dass die Feiern zum 50. erfolgreich beendet waren, initiativreich und schöpferisch daran gingen, den heutigen Jahrestag würdig vorzubereiten.

Nehmen wir nur einmal jene beiden Industriezweige, mit denen die Werktätigen unseres Bezirkes den Geburtstagstisch der Republik reichlich decken, die modernen Autos aus Eisenach und die leistungsfähigen Computer (PC) aus Erfurt. Der »Wartburg« erfreut sich seit Beginn dieses Jahres einer weiteren Verbesserung. Das Fahrzeug wird nunmehr mit einem Aschenbecher aus hochwertigem synthetischem Material ausgeliefert. Der Clou dabei: Der Aschenbecher ist feuerfest! Außerdem sind ab dem 4. Quartal für den »Wartburg Tourist« rechte Außenspiegel lieferbar. Mit Recht erhielt das Neuererkollektiv des Betriebes eine hohe staatliche Auszeichnung.

Oder nehmen wir die Entwicklung der Computertechnik. Vor wenigen Tagen wurde bekannt, dass ab heute, zu Ehren der Republik, Computer aus Erfurt in den volkseigenen Handel gelangen, die über eine eigene Festplatte verfügen! Außerdem gibt es Verhandlungen mit Unternehmen aus der BRD, die progressive BTX-Technologie zu übernehmen, von der eine Expertenkommission der DDR kürzlich erst bewiesen hat, dass sie weit zukunftsträchtiger ist als das so genannte Internet, über das im Westen Pornographie, Rechtsradikalismus und Revanchismus verbreitet werden. Die Regierung der DDR hat deshalb beschlossen, den Bitten besorgter Werktätiger zu entsprechen und das so genannte Internet nicht einzuführen. Das hat sich bewährt.

Aber nicht nur die Industrie hat sich verändert, auch die Städte und Gemeinden unseres Bezirkes sind schöner geworden. Treffen wir uns doch, liebe Leser, einmal gedanklich auf dem Erfurter Thälmannplatz, älteren Werktätigen mag da immer noch einmal der »Domplatz« im Kopf herum spuken, gut Ding will eben Weile haben. Nach einem respektvollen Blick auf das Denkmal des, nach Egon Krenz, herausragendsten Führers der deutschen Arbeiterklasse, das den gesamten Platz dominiert, begeben wir uns in das Thälmannviertel. Breite Straßen, gesäumt von neuen, hohen Häusern, machen dieses Areal, das früher als »Andreas-Viertel« den Zerfall der alten Ordnung symbolisierte, zu einem Beispiel sozialistischer Architektur. Und das ist nur ein Beispiel!

Auch die Amnestierung der Verbrecher des gesetzmäßig gescheiterten konterrevolutionären Putschversuches von 1989/90 beweist die Souveränität unserer Republik.

Angesichts dieser Erfolge ist es nur zu verständlich, wenn BRD-Politiker, darunter H. Kohl und G. Schröder, bei ihren kürzlichen Gesprächen mit dem Genossen Egon Krenz, erklärten, die DDR sei eine Realität, die es zu respektieren gälte.

Aber eine kleine Kostprobe aus der Küche der kalten Krieger möchten wir Ihnen, liebe *Volk*-Leser doch nicht vorenthalten. Die zuständige BRD-Behörde hat sich kürzlich geweigert, das Autokennzeichen EF zu vergeben weil dieses im Falle einer Wiedervereinigung für die Stadt Erfurt reserviert sei. Selten so gelacht, Genossen!

In diesem Sinne: Herzlichen Glückwunsch!

Wenn Mauern fallen

Es war ziemlich voll. Alle wollten Willi Sitte sehen oder Gregor Gysi und manche sogar Bilder. Ich war, alter Gewohnheit folgend, zu früh am Orte, so störte niemand beim Bildergucken. Sie schenkten mir sogar einen großen Katalog und für einen, der sonst nur kleine Theaterkarten bekommt, war das einmal ein schönes Erlebnis Dann ging es los. Den Platz in der ersten Reihe mag ich nie und auf den hinteren Plätzen war nichts zu hören. Also schlich ich nach vorn, hinter eine weiße Mauer, wo ich nichts sah aber alles hörte. Schließlich, das erwartet die Zeitung von ihren Rechercheschweinen. Ich lehnte mich lässig an diese Mauer, hörte konzentriert zu und schrieb eifrig mit. Bis mir etwas Ungewöhnliches auffiel: Die Mauer schwankte. Erdbeben sind hier eher selten und dieses erwägend trat ich nachdenklich zur Seite.

Es war nämlich gar keine Mauer, es war eine Stellwand. Und an ihrer anderen Seite hing ein Bild von Sitte. Das wäre eine Szene geworden wie gemalt: Live vor etwa 500 bis 600 Gästen fällt der *TA*-Redakteur auf die Fresse und zerstört beiläufig ein Bild von Willi Sitte. Ich glaube, es war ausgerechnet »Am kalten Büfett«, ein zweifelsfrei gesellschaftskritisches Bild von 1974. Ich sehe es schon vor mir: Ostdeutscher Journalist zerstört DDR-kritisches Bild von Sitte! Ungeschicktes Versehen oder politische Absicht eines alten SED-Kaders? Oder, auch nicht schlecht, Herostratos aus Thüringen! Bildschön. Und der *TA*-Fotograf, der womöglich das Foto des Jahres im Speicher gehabt hätte, Willi Sitte im Kreis seiner Verehrer wäre der Leidtragende gewesen: Das Foto hatte er wohl in anderen Blättern unter einem Pseudonym publizieren müssen. Ich hätte es womöglich gar ins Kleingedruckte der Weltpresse geschafft. Im Allgemeinen wird es im Hause nicht ungern gesehen, wenn die Arbeitsergebnisse eines hier tätigen Redakteurs die anderen Blätter beschäftigen, dieser sehr spezifische Fall indessen wäre wohl ein wenig anders gelagert.

Dieses beinahe stattgehabte Debüt als Performer hätte souverän all die anderen Peinlichkeiten meines Lebens überstrahlt. Die Geschichte etwa, wie mich mein Vater vor der versammelten 8b küsste und eine Tafel Schokolade überreichte, weil ich am Ende des Schuljahres doch noch sang, um versetzt zu werden (*TA* berichtete). Eigentlich hätte ich es vorgezogen, ein weiteres Mal nicht versetzt zu werden, aber meine Eltern hatten es sich so gewünscht.

Oder die Geschichte, wie ich in meiner allersten Woche als Redakteur die Kulturnachrichten redigieren durfte und tags darauf im Blatte zu lesen stand, eine Musik sei in S-Dur erklungen. Es muss wohl gewesen sein, als es, durchaus zutreffend, hieß, ich wüsste von S-Bahn-Karten wohl mehr als von Noten, dass ich beschloss, kein Musikkritiker zu werden. Als ich dann, eine Zeitung später, doch einmal über etwas Musikalisches zu berichten hatte, war dann von einer Liedsängerin zu lesen (keine weitere Berichterstattung geplant). Ich kannte die Leadsängerin nur akustisch, und so verfestigte sich die Auffassung, die Musik, U, E und S sei wohl wirklich nicht das Feld, das zu bestellen mir bestimmt sei. Diese Auffassung sitzt sehr tief, weshalb ich beim Verfassen von Filmkritiken wenig über Soundtracks sage. Deshalb hier, unter uns, der zaghaft nachgereichte Hinweis, es sei in »Stirb langsam« CCR zu hören. Aber vielleicht war es ja auch CNN oder BBC.

Eines ist dem Leser durch die nicht gefallene Wand doch entgangen, der Vernissage-Bericht meiner Zeitung mit dem Satz: Die kleine Ungeschicklichkeit eines unbekannten Besuchers vermochte der guten Stimmung keinen Abbruch zu tun.

Der Verrat

Ich bin, so pflegte ich scherzend zu sagen, so jung wie meine Republik. Das war ein Satz, der würde mich ganz gewiss ein Leben lang begleiten, so wie meine Republik mich begleiten würde ein Leben lang. Von dieser Gewissheit waren wir beide tief durchdrungen, ich und meine Republik. Und eines Morgens wachten wir beide auf und bemerkten, heftig irritiert, dass wir uns wohl geirrt haben mussten. Ich war es gewöhnt, mich zu irren, meine Republik weniger. So zog sie die Konsequenzen und verstarb. Ich hingegen zog die Möglichkeit in Betracht, sie zu überleben. Und frage mich seither gelegentlich, ob ich meine Republik, der ich doch Treue versprochen hatte, post mortem verraten habe, und mich dazu.

Michael Schindhelm, der einmal Intendant in Thüringen war und es jetzt in Basel ist, fragte sich das auch, in der *Zeit*. Und weil ich, was er schreibt über sich, auch geschrieben hätte über mich, wäre es mir nur eingefallen, sei es hier zitiert: »Vielleicht ist sein Weg der Weg eines Renegaten, seine Lebensform die des Verrats. An seiner untergegangenen Heimat, seinen Leuten, der Kunst, sich selbst. Dann hat er sich ohne Bedauern verraten.«

Präziser ist es nicht zu sagen.

Der Untergang der DDR war für viele Leute, ich rechne mich zu ihnen, die dieses Land angenommen hatten als das ihre, trotz alledem, eine Chance: Die Chance, Verrat zu üben, ohne sich als Verräter zu fühlen. Man musste das verödende Land nicht verlassen, man wurde verlassen, von ihm. Und dass dieses Land so beinahe lautlos, so beinahe unverteidigt zusammenschnurren konnte auf die Maßgaben eines Interregnums, das lag auch daran, dass immer mehr Leute immer weniger Gründe fanden, das zu bedauern. Die Agonie meiner stolzen Republik war von einer solch grausamen Banalität, dass der Gedanke an eine Revitalisierung zum eigentlichen Schreckensbild wurde: Wer noch im

Sterben Macht und unerschütterliche Gewissheit halluziniert, musste furchtbar werden, sollte er wieder zu Kräften gelangen.

Und zunehmend mag ich es nicht mehr hören, dass das doch nur die alten Männer waren: Wir waren es. Wir vielen. Wir haben heimlich gegrinst und geflucht und öffentlich genickt und applaudiert.

Natürlich, einer, der sich nichts vorzuwerfen hätte, wenigstens in bestimmten Berufen, wäre damals in der Opposition gewesen oder jetzt in der PDS, ich war weder dieses noch bin ich jenes. Und die Frage, ob ich das mit dem Sozialismus und den lichten Horizonten doch nicht ganz so ernst meinte, wie ich das glaubte von mir, wird nagen immerdar. Auf die Komplementärfrage allerdings, ob ich nun, im Prinzip, erst ein Opportunist war oder dann ein Verräter wurde, ist die Antwort viel einfacher. Und mein Verrat an mir und meiner guten alten Republik mag in gewisser Weise peinlich sein, zu bedauern vermag ich ihn nicht.

Es ist wohl die Folge davon, dass ich nie wieder in einem Land auf die Weise zu Hause sein werde, wie ich es war. Ich sage jetzt »Sie« zu dem Land, dessen Bürger ich bin. Wir, mein neues Land und ich, pflegen einen höflichen Umgang miteinander. Wir schlagen einander nicht auf die Schulter, wir verlangen voneinander nicht mehr als ein Minimum an erhaltender Loyalität, wir gehen einander an auf eine distanzierte Weise, die Enttäuschungen wechselseitig ausschließt. Wir lassen einander so ziemlich in Ruhe.

Dafür hat sich der Verrat gelohnt.

Dulden für Gulden

Also, unsereiner kommt ja ganz schön was rum durch die Zeitung. Weimar, Eisenach, Meiningen, Nordhausen, Gangloffsömmern, bis runter nach Rudolstadt. Cannes und Venedig eher selten. Auch in Rotterdam beginnt diese Woche ein Filmfestival, da war ich aber wirklich mal. Das war im Januar 1990, liebe Kinder, und die Geschichte geht so.

Ich war angestellt bei der besten, übrigens auch einzigen, Filmillustrierten der DDR und Michael Hanisch, durch seine Filmbücher etwas weltläufiger und menschenbekannter sagte, die Holländer, wer immer das sein mochte, hätten mich gern in der Jury des Festivals von Rotterdam. Sie würden natürlich den Aufenthalt bezahlen, das Hotel und Geld auf die Hand. Toll. Und da es überdies die erste Fahrt mit dem Ost-Auto in ein undeutsches West-Land wurde, ein richtiges Abenteuer. Mit mehreren Kanistern Gemisch im Kofferraum, was zum einen ein finanzielles Problem war, zum anderen aber auch ein mentales. Denn in Holland kannten sie sich vielleicht noch nicht so aus mit uns, und es wäre mir irgendwie peinlich, es ihnen zu erklären: Nein, nicht für den Rasenmäher, für das Auto; nein, der explodiert eher selten. Im Hotel war ich tatsächlich angemeldet, das klappt ja wohl alles. Auch beim Festival. Ja, herzlich Willkommen, Sie stehen hier auf meiner Liste für die Jury, das ist Ihr Badge, damit kommen Sie überall rein, wir benachrichtigen Sie, wann sich die Jury zu ihrer ersten Sitzung trifft. Viel Spaß hier. Klar doch. Ich bleibe noch ein wenig stehen bei der Akkreditierungsdame, versuche Konversation zu machen und frage mich insgeheim, ob sie das wohl vergessen hat, das mit dem Geld. Mit dem West-Geld, mit dem Gulden-Geld. Das muss doch auf ihrer Liste stehen. Es ist Januar 1990, ich habe einen blauen Pass, ein gelben Wartburg und rote 50-Mark-Scheine. Ja, sie hat das wohl vergessen, sie gibt mir kein Geld. Ich brauchs ja nicht für Kaugummi, aber ich muss ja irgendwas essen hier.

Ich habe etwa 50 Westmark, und zwei Kanister Gemisch. Am nächsten Tag umschleiche, umlungere ich die Dame, vielleicht, dass ihr das einfällt, das mit den Gulden. Nein, es fällt ihr nicht ein. Ich müsste jetzt zu ihr gehen und nett sagen, ich bin doch in der Jury, ich bekomme doch Westgeld von Ihnen, weil ich doch aus dem Osten bin und mir sonst nichts zu essen kaufen kann. Und mein bisschen Geld brauch ich für Benzin. Aber ich kann es nicht. Obschon ich bereits Gefallen finde an dem Gedanken, dass es das Land, wenigstens so, nicht mehr geben wird, ist es an diesem Tag noch, was es heute, dem Gefühl nach, nicht mehr ist: mein Land.

Ich gehe nicht ins Kino, was ich doch sollte als Jury, ich umschleiche bis zum frühen Nachmittag die Dame vom Akkreditierungsbüro. Sie muss wohl meinen, dieser wunderliche Mensch meine sie. Aber ich meine die Kohle und werde nervös. Denn wenn ich bleibe und auch morgen kein Geld bekomme, dann muss ich an die eiserne Westgeldration und das kann richtig blöd werden, falls die Rechnung nicht stimmt mit den Kanistern und den Kilometern bis zur ersten Ost-Tankstelle. Also, Schluss jetzt. Setze mich still und leise in den Wartburg und fahre nach Hause.

Zwei Tage später hörte ich von Michael Hanisch, die Holländer hätten angerufen. Warum der Mann denn sein Geld nicht verlangt hätte und so grußlos verschwunden sei.

Ich meine, so was passiert wenigstens nicht in Gangloffsömmern.

4. Sie blieben Fremde, wo sie zu Hause waren

Henryk Goldberg über die DDR und ihre Dichter

Die Romantik
des Nützlichen

Bertolt Brecht änderte nicht die Welt,
aber das Theater der Welt und ihre Lyrik.

Es ist Sonnabend, der 21. Februar 1920. Ein junger Mann sitzt im Zug
von Augsburg nach Berlin. Dort hofft er, ein Stück zu verkaufen, es heißt
»Baal«. Jetzt, im Zug, schreibt er ein Gedicht. Jahrzehnte später wird man
die »Erinnerung an die Marie A.« zum Kanon deutscher Lyrik rechnen.
Im nächsten Sommer wird der Junge, 23, einen sonderbaren Satz schrei-
ben: »Ich beobachte, dass ich anfange, ein Klassiker zu werden.« Es ist Frei-
tag, der 17. Juni 1921.

Später, viel später, da ist die Anmaßung Realität, wird er notieren: »der
17. juni hat die ganze existenz verfremdet.« Er wird einen Brief schreiben an den »Werten Genossen Ulbricht«, von dem dieser nur Teile veröffentlichen lässt, und er wird, in diesem Sommer '53, Buckower Elegien
erleiden: Kaum je hat das unauflösliche Zerrissen sein prägnanteren und
kühleren Ausdruck gefunden als in dem Gedicht »Der Radwechsel«. Als
dieser Zerrissene, der so sein Lebensproblem beschreibt, am 14. August
1956 stirbt, ist er, als Dichter und Regisseur, einer der großen Anreger
seines Jahrhunderts. Und ein Kronzeuge seiner Gefährdungen.

Unter den Versuchen, einen der einflussreichsten Intellektuellen des
20. Jahrhunderts zu erklären, unternahm Max Frisch vielleicht den ein-
sichtigsten: »Die Faszination, die Brecht hat, schreibe ich dem Umstand
zu, dass hier ein Leben wirklich vom Denken aus gelebt wird.« Dieser
Satz erklärt so gut wie alles, was an einem Menschen überhaupt erklär-
bar scheint. Allerdings, ein Rest bleibt immer. Dieser Rest begründet die
Schwierigkeiten mit dem Menschen Brecht.

Bertolt Brecht hat sein Leben und seine Literatur tatsächlich vom reinen Denken her entwickelt. Und die Frage ist, warum ein Werk, das sich so ganz, so rückhaltlos als im Dienst eines gesellschaftlichen Entwurfes stehend begreift, nicht auch zusammenbricht mit diesem.

Die Arbeit eines Künstlers, wenn sie Bestand erwirbt, ist klüger als der, der sie tut. Kunst, wirkliche Kunst, entwickelt ein Eigenleben über den Tag hinaus; sie ist aufnahmefähig für Gedanken, die ihr Schöpfer noch nicht kannte, weil es sie noch nicht gab. So, nur so, entsteht Bleibendes. Auch Brechts Stücke verfügen, zu Teilen, über diese Bedingung literarischer Überzeitlichkeit. Allerdings ist dieses Stück Unsterblichkeit bei Brecht schwerer zu entdecken als bei Shakespeare. Anmerkungen über Arbeitslose und Atombomben werden nicht schon dadurch Kunst, dass es sie gibt. Dramatik überlebt durch ihre Fähigkeit, großes Theater zu stiften und also große Aufgaben für große Schauspieler. So wird es sein, dass sie Ui und Galilei, Kreidekreis und Courage und Sezuan noch spielen werden, wenn Brecht ihnen so fern ist wie uns Goethe.

Was aber die Liebe ist und die Trauer, die Ungeduld und die Sehnsucht, wird Menschen nie fern sein und also Brechts Gedichte nicht. Vielleicht gewinnen die Besten unter ihnen ihren Rang, weil sich die solitäre Eigenart ihres Dichters wohl nirgendwo so zu bekunden vermag wie im Gedicht. Wer hat je das Denken selbst so romantisiert? Wo ist das Denken so liebevoll, die Liebe so bedenkend? Wo ist ein Vers so vom kühlen Denken her entworfen worden?

Und wo ein Leben.

Wenn der junge Brecht den Baal entwirft, dann entwirft er zugleich eine Vision von sich selbst das Dichter-Tier, das Frauen frisst, das Kraftgenie, das die Welt zu Paaren treibt mit seinem Vers. Nur, dass er im Umgang mit sich selbst ein wenig bedachtsamer ist.

Der arme Poet ist ihm ein untaugliches Muster. Er tauscht ein Werbe-Gedicht gegen ein Auto und, als er damit verunglückt, einen werbenden Zeitschriftenbericht über den »Lehrreichen Unfall des Dichters Bert Brecht« gegen ein weiteres. Er lehnt den unnützen Nationalpreis II. Klasse ab und er nimmt den nützlichen Stalin-Preis entgegen, das ist Geld in der Schweiz und Schutz in der DDR. Er nimmt in Berlin das Theater und in Wien den Pass. Und er, dem die frühe DDR mit tiefem Misstrauen und kleinbürgerlichem Kunstverstand begegnete, lebte konsequent seinen Begriff von Kollektiv und Werkstatt unter der Voraussetzung, dass er der Zweck dieses Kollektives sei. John Fuegi, der die Werkstatt Brecht & Co. kritisch untersuchte, war penetrant als Kommissar der Heiligen Moralität, sein Impuls indessen ist nicht zu bezweifeln. Natürlich hat der Kerl Elisabeth Hauptmann, Ruth Berlau, Margarete Steffin & Co. hemmungslos ausgebeutet. Ohne diese Frauen gäbe es womöglich manches von Brecht nicht zu lesen – aber ohne Brecht gäbe es mit Sicherheit nichts zu berichten von den Frauen. Diese Begegnungen waren zweckmäßig und lustbringend für alle, schmerzend allerdings nur für die Frauen.

Bertolt Brecht war ein Mann, der sich kühl an den Maßgaben der Zweckmäßigkeit orientierte, sofern er der Zweck war – oder der Marxismus: Das den Intellektuellen Brecht konstituierende politische Bekenntnis zu bezweifeln ist nirgendwo ein seriöser Grund zu sehen. Das machte ihn am 17. Juni 1953 zum Menetekel des Intellektuellen, der sich existenziell einer marxistischen Partei verband. Denn natürlich hatte er eine Meinung über die Panzer, aber sie zu äußern war nicht zweckmäßig. Sein Land konnte den Mann und sein Theater, das den Zweifel lobte und die Einsicht genoss, dulden und bezahlen, wirklich lieben konnte es ihn nicht, so lang er lebte. So blieb er ein Fremder, wo er zu Hause war.

Aber vielleicht war ihm Heimat auch nur ein Wort, das die Zweckmäßigkeit eines Wohnsitzes beschrieb.

Es liegt eine Ironie darin, dass das Leben dieses großen Mannes nun dem Publikum auf der Welt-Bühne zum Exempel dient, wie recht er hatte mit der Haltung, dass an allem sehr zu zweifeln sei. Unklar wird bleiben, ob er eine Freude gehabt hätte an der konsequenten Bestätigung dieses Satzes. Womöglich schon, denn so wäre er, wie seine Marketenderin, wieder im Geschäft.

Christa Wolf wird bleiben – auch unterm ungeteilten Himmel

Die bedeutendste deutsche Schriftstellerin der Gegenwart
repräsentiert ein authentisches Lebensgefühl.

So fangen ihre Bücher an: »Hier war es. Da stand sie.« Und: »Das Vergangene ist nicht tot; es ist nicht einmal vergangen.« Und: »Die arge Spur, in der die Zeit von uns wegläuft.«

Wem die wirkliche Zeit sich derart in die literarische Fiktion drängt, wer seinen Ich-Ort, seine Ich-Zeit derart verschwimmen lässt mit Figuren-Ort und Figuren-Zeit, der bekennt so das unauflösliches Verbunden sein mit seiner Zeit. Und wer, wie Christa Wolf, um offene Formen rang, offen für Partikel des Wirklichen, den musste es irgendwann ins Tagebuch treiben. Und so veröffentlichte sie 2003 »Ein Tag im Jahr«.

»Mir fällt ein«, notiert Christa Wolf unter dem Datum des 27. September 1979, »dass dieser ganze beobachtete Tag unter das Heisenbergsche Gesetz von der Unschärferelation fällt: Er wird deformiert durch meinen unausgesetzten Blick auf ihn.« In gewisser, wenn auch schwer zu fassender, Weise mag das auch für die öffentliche Wahrnehmung der Person Christa Wolf gelten.

Hat auch sie sich – und wenn: wie? – durch den unausgesetzten Blick einer teils kultisch verehrenden, teils hämisch desavouierenden Öffentlichkeit verändert? Vermutlich ist das so. Und vermutlich ist kein deutscher Schriftsteller nach Heinrich Böll so sehr als öffentliche Instanz wahrgenommen worden wie Christa Wolf. In dieser Hinsicht nahm sie im Osten eine Stellung ein, wie sie im Westen einst eben Heinrich Böll bekleidet hat – und für das ganze, ungeteilte Deutschland niemand. Ein Umstand, der vermutlich damit zu tun hat, dass es keinen Schriftsteller gibt, der als Person und Autor über eine moralische Strahlkraft verfügt, die aus der Sicht östlicher wie westlicher Lebensentwürfe eine beide integrierende Maßstäblichkeit gewinnt.

Im Übrigen neigt der Zeitgeist dazu, nach dem Zusammenbruch der ideologischen Gewissheiten auch jede Erscheinung von sich in Menschen institutionalisierender Moral für etwas Komisches zu halten.

Aus genau diesem Grunde begann der gesamtdeutsche, also westliche, Literaturbetrieb, seinen, womöglich unbewussten Trieben zu folgen und Christa Wolf als eine Art trauernde Priesterin der geknechteten ostdeutschen Seele zu ironisieren – was sie in gewisser Weise ja auch tatsächlich war. Allerdings, das hatte nichts mit ihrem literarischen Rang zu tun. Sie war einfach eine Schriftstellerin, die sich weigerte, Moral für einen obsoleten, leicht albernen Begriff zu halten.

Es störte wohl den Betrieb, dass da eine übrig geblieben schien, die Literatur nicht als fröhliche Zeitgeisterei verstand, sondern als eine ernsthafte Lebensäußerung und der ein großer Teil ihrer Leser hierin folgte. Der Umstand, dass diese Leser in ihrer großen Mehrheit zur kleineren Hälfte des Landes rechnen, ließ die Staatsdichterin-Debatte beinahe zu einer ideologischen Frontstellung verhärten. Doch spätestens seit »Ein Tag im Jahr« schien diese Frontenbildung aufgehoben und die aufgeschäumte Stasi-Geschichte der »IM Margarete« zur frühen biografischen Petitesse geschrumpft. Es spricht am Ende doch für diesen literarischen Betrieb, dass er sich und seine temporären Blähungen zu disziplinieren weiß und einer Schriftstellerin wie Christa Wolf ihren Rang schließlich mit Respekt vergönnt.

Christa Wolf ist mit diesem ihr durch Haltung zugefallenen Status, gleichsam die verkündende Repräsentantin ostdeutscher Moral zu sein, niemals leichtfertig oder zynisch oder gar kokett umgegangen, alles ihr fremde, unvertraute Haltungen. Sie muss diesen Status zu Teilen gemocht haben, weil er sie – neben dem Stück Eitelkeit, das in jedem Herzen nistet – in ihrer Grundhaltung bestätigt, die so etwas wie ein virtuelles Netzwerk der Moral zwischen der Autorin und ihren Lesern spannt.

Und es ging ihr, »Ein Tag im Jahr« bezeugt das sehr eindrucksvoll, wie wohl manchem ihrer Leser: Unmerklich verflog die Weltgewissheit und wich einer Persönlichkeitsungewissheit, die nur noch die eigene Authentizität gegen die Welt zu setzen vermag. Damals, 1989/90 plädierte sie noch »Für unser Land«, hoffte auf ein Drittes, das das Beste aller Welten zu vereinigen vermag.

Doch der mitunter hohe Ton der Verkündigung verflog mit der Zeit und durch die Zeit: »Ich freilich hab allmählich meine Waffen abgelegt, das war's, was an Veränderung mir möglich war«.

Das zu bekennen kann ihr nicht leicht geworden sein. Zum Teil hat wohl, auf den Heisenberg zu kommen, das Bewusstsein ihrer mitunter mehr Last als Lust bedeutenden Rolle als öffentliche Projektionsfläche von Moral, von Lebensart und Lebenshaltung auch ihr Leben beeinflusst, wenn sie diese singuläre Stellung als Verkörperin einer Gegenöffentlichkeit mit seufzender Verantwortung auf sich nahm. Und dass sie blieb in diesem Land, an dessen Verfasstheit sie litt, an dem sie verzweifeln mochte, dass sie für dieses Bleiben manch Schweigen auf sich nahm, das hatte auch zu tun mit ihren Lesern, mit der anhaltenden und intensiven Beobachtung durch diese.

Was die Zuhörer bei ihren Lesungen, zur Erfurter Herbstlese waren es etwa achthundert, zu ihr zog, war mehr, oder vielmehr etwas anderes, als ein rein literarisches Interesse, dieses natürlich vorausgesetzt. Christa Wolf stand für ein authentisches Lebensgefühl vieler ehemaliger DDR-Menschen, für eine am Wirklichen verzweifelnde Moral, die eine Selbstlegitimation in diesem Lande suchte. Christa Wolfs Arbeit steht dafür, wie weit, wie unglaublich weit, wenn ein Talent, ein Charakter und eine Zeit in eines fallen, Literatur den Zirkel des rein Ästhetischen zu überschreiten vermag.

Und in dieser öffentlichen Wahrnehmung liegt auch eine Gefahr begründet, die, dass das Werk dieser Schriftstellerin, ihre Bücher, hinter der Persönlichkeit verschwindet.

Der Autor bekennt, es seien weniger ihre großen Bücher – »Nachdenken über Christa T.«, »Kindheitsmuster« – wegen der er die Literatur der Schriftstellerin liebt, es sind eher die kleinen. Die wunderbare Novelle »Kein Ort. Nirgends«, darin sie ihren Schmerz auf die fiktive Begegnung der Selbstmörder Kleist und Günderode, der »Vorgänger«, projizierte. »Kassandra« mit dem wunderbaren Anfang, die Absage an die Hingabe des Individuums an die Maßgaben der Gesellschaft. In beiden Büchern stiftet ihre sonst gelegentlich als Larmoyanz wahrgenommene Innerlichkeit Literatur. Und beide Bücher konnten in der DDR nicht unverstanden bleiben. »Licht aus« geht die letzte Zeile von »Ein Tag im Jahr«. Christa Wolf warf ein Licht auf ihre Zeit, die unsere Zeit bleibt. Und eines, in dem nichts subjektiv Falsches ist, eine Schriftstellerin von Rang. Ein Talent und ein Charakter. Und aus Deutschland. Das wird bleiben.

Der Kreuzfahrer

Der ungeschmeidige Stefan Heym

Der 10. November 1994 ist ein Tag, der für das Unausrottbare ideologieseliger Dummheit steht. An diesem Tag konstituiert sich der 13. Deutsche Bundestag und die Eröffnungsrede bleibt, parlamentarischem Brauch folgend, dem Alterspräsidenten vorbehalten. Dieser ist 81 Jahre alt, dieser emigrierte als linker Jude aus Deutschland nach Amerika und kehrte 1944 über die Normandie zurück. Dieser lebte in der DDR als einer der Aufrechtesten, dieser sagte einem Mitglied des Politbüros 1976 ins Gesicht »Die Ausbürgerung ist eine Nazipraxis«. Dieser hatte einen Weltbestseller geschrieben und zwei der unversöhnlichsten Bücher, die jemals in der DDR über die DDR geschrieben wurden. Dieser war ein Mann von Ehre, doch war er als Vertreter der PDS gewählt und so einen ehrt man nicht. Nicht als christlicher Demokrat. Und so gab die Parteidisziplin übende Unionsfraktion ein Exempel politischer Kultur und verweigerte einem aufrechten Intellektuellen den Respekt. Diese dumme Ignoranz belegt, was geschieht, wenn sich Ideologie hemmungsfrei über Kultur und Menschenwürde schmiert.

Ungefähr das war ein Leben lang das Thema von Stefan Heym, der vor 90 Jahren geboren wurde: Kultur und Menschenwürde und die Hoffnung auf einen von seinen Schlacken befreiten Sozialismus. Die bittere Erkenntnis, dass diese Schlacken zur unausscheidbaren Erbmasse aller bekannten Formen von Sozialismus gehören, ließ er nicht mehr an sich heran.

Stefan Heym, am 10. April 1913 als Helmut Flieg in Chemnitz geboren, war ein Mann, dessen Sturheit etwas vom biblischen Bekennermut hatte, mitunter auch vom Raunen des Propheten. So wurde er, dem Titel seines vielleicht besten Buches folgend, eine Art von Kreuzfahrer. Und stritt gegen alles, das seinem Begriff von Wahrheit und Gerechtigkeit widersprach. Stefan Heym, Presseoffizier der US-Army, verweigerte nach dem Krieg bestellte Artikel, die die Trennung von und die Konfrontation mit dem einstigen Verbündeten UdSSR begründen sollten. Dieses Land hatte entscheidend daran mitgewirkt, jenes Deutschland, in dem Juden, Kommunisten und Demokraten kein Lebensrecht genossen, zu schlagen, dieses Land schlug man nicht, wenn man Jude war und Kommunist. Amerikaner natürlich auch, nebbich. Stefan Heym war kein sehr geschmeidiger Mann. Er schrieb die Bücher, die er schreiben musste, stur und unbelehrbar durch Schmeichelei wie Drohung, und wenn sie in dem einen Deutschland nicht erscheinen durften, dann eben in dem anderen. Aber er war ein sprachgeschmeidiger Schriftsteller, vielleicht manchmal ein wenig zu geschmeidig, zu sehr dem Effekt verfallen. Diese Art von Storytelling, seine amerikanische Prägung, erwarb ihm, neben seiner Unbedingtheit, die Leser. Bücher wie »Lassalle« lesen sich weg, doch neigen sie zur hoch stehenden Kolportage. »Kreuzfahrer von heute« ist vielleicht sein bestes Buch, eine Abrechnung mit seinen Landsleuten beider Länder, immer wieder gut lesbar in seiner traditionellen Erzählhaltung. Sein glänzendstes Buch aber ist »Der König David Bericht«, brillant glitzernd in der Form, unversöhnlich hart in der Sache. Es ist noch immer erstaunlich, dass diese sich selbst erklärende Parabel des Stalinismus, bis hin zu den psychiatrischen Haftanstalten, 1972 in der DDR erscheinen konnte. Und beiläufig hat Heym für dieses Buch ein alttestamentliches Wissen erworben, mit dem sich gut promovieren ließe.

Der letzte Text seines Lebens, in dem gerade erschienenen Band »Offene Worte in eigener Sache« gedruckt, handelt von der einsamen Not des Sterbens. Hier stöhnt der alte Sozialist das »Schma Jisroel«, das jüdische Bekenntnis. Und schreibt, der alte Fuchs, in der Syntax des Jiddischen vielleicht, dass er den lang Verschmähten am Ende doch zu gewinnen hoffte. Dreizehn Tage später, am 16. Dezember 2001, später stirbt Stefan Heym in Israel.

Gesegnet soll er sein. Was für ihn bedeutet: gelesen.

In der Erfurter Galerie Rothamel: Die Beschäftigung mit Kunst erfordert manchmal auch Sitzfleisch und Gelassenheit. (Foto: Marco Kneise)

5. Mit einem CD-Spieler kann niemand Straßenbahn spielen

Henryk Goldberg auf dem Abenteuer-Spielplatz Kunst (Musik, Kino, Theater usw.) und Zirkus

Kunst in Kassel

Wir waren auf dem Rückweg vom Galgen. Kann sein, wir standen noch unter dem Eindruck der beiden toten Fliegen in einer Vitrine, die wir nachdenklich betrachtet hatten. Es handelte sich wohl um Ttsetse-Fliegen und womöglich waren wir deshalb etwas schläfrig. Jedenfalls sagte die Dame plötzlich etwas sehr Interessantes.

Es ist nicht leicht, auf der Documenta in Kassel etwas Interessantes zu sagen, denn da sind lauter interessante Leute, die lauter interessante Sachen sagen über lauter interessante Dinge, die man da sieht. Zwei Fliegen unter Glas zum Beispiel.

Und dann toppt sie das alles: »Meine Tasche ist weg!« Was bedeutet: Personalausweis, Presseausweis, EC-Karte, Führerschein, Tauchschein. Den trägt sie immer bei sich, kann sein, sie begegnet einem schönen Gewässer und will nicht warten, bis der Froschkönig raufkommt.

Wir ließen Marco K., den Fotografen, und Thomas Thieme, den Schauspieler, stehen und begannen einen mörderischen Lauf zurück, dorthin, wo wir zuletzt saßen, unterm Kunst-Galgen. Nein, da war die Tasche nicht.

Auf dem Rückweg, schwer atmend, rief unser Kollege Marco K. an, ein, wie sich zeigte, verständiger junger Mann. Der hatte seine letzten Fotos durchgesehen und wusste also, unterm Galgen war die Tasche schon nicht mehr dagewesen.

Sie fand sich dann im Café. Wir tranken fröhlich Prosecco und fanden, diese Privat-Performance sei ein würdiger Beitrag zur bedeutendsten Ausstellung modernen Kunst

Soweit der Auftakt unserer neuen Serie »Abenteuer Kunst«.

Uns bleibt
immer noch Paris

Ich war der erste Gast. So schlenderte ich zu meinem Stammplatz in der ersten Reihe. Und weil die anderen Reihen noch unbesetzt waren, bemerkte ich zum ersten Mal, dass auch Dagmar Wagenknecht im Erfurter Kinoklub Recht ist, was den Intendanten der Theater nicht billig, aber günstig scheint: Sie machen das Publikum zu Sponsoren der Sitzplätze. Und im Kinoklub dürfen die Spender, neben dem Namen, sich einen Film-Satz ihrer Wahl auf dem Sessel wünschen.

Gerhard B. zum Beispiel entschied sich für den melancholischen Abschied, mit dem Rick auf dem Flugfeld von »Casablanca« Ilsas traurige Frage »Was wird aus uns?« beantwortet: »Uns bleibt immer noch Paris.« Vielleicht, wenn sie älter sind, dass sie das manchmal melancholisch gelächelt haben, als der Kinoklub noch der Bezirksfilmdirektion unterstand und ich ahnte, dieses Kino und ich, das würde der Beginn einer wunderbaren Freundschaft sein.

Brigitte B. hingegen wählte für den Nebensitz den Klassiker: »Schau mir in die Augen, Kleines.«

Wieso tut sie das? Das ist doch ein Männer-Satz! Ist ihr Gerhard so dimensioniert, dass dies als korrekte Aussage gelten muss? Oder ist Brigitte so emanzipiert, dass sie das einmal umkehren wollte? Oder war es Gerhards Wunsch, der sich aber nicht traut, weil er weiß, dass der moderne Mann nicht »Kleines« sagt zu einer Frau?

Wir sehen, »Casablanca« ist noch immer ein Kosmos voller Rätsel und Geheimnisse.

Das Geheimnis des Menschentums aber erklärt mein Lieblings-Filmschluss: »Nobody is perfect«.

Mitternacht
am Broadway

Doch, es gab schon Autos in meiner Kindheit. Aber Grammophone auch. Ich entdeckte es in unserer Wohnung. Es befand sich in einem schwarzen Koffer, den konnte man aufklappen und dann diesen Trichter herauschwenken. In einer Ecke war ein kleines Fach für die Nadeln und an der Seite ein Loch für die Kurbel. Ich habe die Kurbel einmal zuviel gedreht, weshalb das Gerät zwar noch existiert, aber es schweigt still, was im Übrigen kein Verlust ist.

Aber damals, in den guten alten Fünfzigern, war es toll. Es gab auch Platten dazu. Opern und dieser ganze Quatsch wo man den Text nicht verstand, aber auch diese eine, wunderbare Schallplatte. Da sang einer »Das hab ich in New York gesehn, um Mitternacht am Broadway« und das Lied handelte von einem unglaublichen Vorkommnis. Es soll da nämlich in dieser Stadt New York eine Frau – eine Frau! –, in einem Unterrock – einem Unterrock! – gesehen worden sein. Meine Mutter behauptet, dieses Lied habe sie zur Verzweiflung gebracht, so oft wie ich es zu Gehör brachte.

Es war aber auch. Im Unterrock. Mag sein, dass damals der Name dieser Stadt, in der solche atemverschlagenden Dinge geschehen konnten, begann, für mich eine Magie zu entwickeln. Nach Kötschenbroda allerdings, der Express dorthin wurde auf der gleichen Platte besungen, wollte und kam ich nie, wer will schon nach Radebeul-West. Obwohl, es ist Karl Mays Ort, aber das ist eine andere Geschichte.

Irgendwann aber hatte meine arme Mutter Glück, das Gerät ging entzwei. Fortan fand es mit seiner nun unlimitiert drehbaren Kurbel Verwendung als Steuerstand der Straßenbahn, die ich auf dem Schrank einrichtete, eine weitere Steuermöglichkeit ergab sich durch die Kombination eines Bügelbrettes mit der Kaffeemühle. Es war jener Schrank, auf dem ich nicht nur Straßenbahn spielte, sondern, unter Einbeziehung der kleinen Schwester, auch Flugzeug. Das Flugzeug war sie, ich ließ sie auf das Bett fliegen. Einmal, das Flugzeug verfehlte, weil es beim Start zappelte, die Landebahn und kam auf der Kante an, führte das zu einer klitzekleinen Gehirnerschütterung mit begleitendem Nasenbluten und das großherzige Geschenk an mein Fräulein Mutter zum morgigen Ehrentag soll sein, dass ich ihr die aus der Flugunfähigkeit der doofen Schwester resultierende Ohrfeige verzeihe.

Später gab es einen richtigen Plattenspieler in dieser Familie und ich durfte ihn mitbenutzen. Und noch später, als ich, gerade volljährig, Geld verdiente, kaufte ich einen, so beschwingt habe ich wohl nie wieder etwas gekauft. Unser Vater konnte dann manchmal in den Westen fahren und zur der Konterbande, die er ostwärts mit sich führte gehörten auch Westplatten. Allerdings war sein Empfinden für jugendliche Musikinteressen eher vage. Die Augen tränten mir beinahe und das Herz richtig, als er stolz lächelnd Roland Kaiser und Daliah Lavi auspackte. Es brauchte sehr, sehr viel Stärke für den überschwänglichen Dank, das war wohl eine meiner Guttaten. Meine kleine Schwester bekam eine Platte von Adamo und das stimulierte sie, gemeinsam mit Freundin Maria, zu einer frühkindlichen Demonstration aufrechten Denkens. Voll der schönsten Gefühle stöhnten sie Protest über die unrechtmäßige Hinrichtung eines nichtweißen Mitbürgers, der dann nicht einmal in den Himmel durfte, Begründung wie folgt: »Neger! Du bist ein armer Neger!« Die Zeile gelang immer besonders expressiv, damals wusste sie noch nichts von kleinen Händen. Aber sind so gute Neger war schon mal ein Anfang.

Natürlich, CDs sind besser. Doch mit einem CD-Player kann niemand vernünftig Straßenbahn spielen. Also.

Der Hammel
bin ich

Eigentlich ist diese Zeitung ein weitgehend seriöses Unternehmen. Wir geben, wie alle weitgehend seriösen Unternehmen, ungern Geld aus, aber wenn es einer verdient hat, dann hat er es eben verdient. Doch unlängst wurde einem Autor sein Honorar verweigert. Der betreffende Beitrag stand auf der Kulturseite und sein Autor hieß Peter Baran. Und das Honorar wurde gestrichen, weil, Peter Baran ist mein Pseudonym.

Pseudonyme werden an einem seriösen Blatt nicht gebraucht, weil sich die Autoren für ihre Beiträge schämen, sie werden, sozusagen, benutzt wie Bilder, als Gestaltungselemente. Wenn nämlich dreimal der gleiche Name auf einer Seite steht, denkt der Leser, denken wir, die können sich nicht mehr Autoren leisten. Und also sucht sich der dreifache Autor den Beitrag, auf dessen Urheberschaft seine Eitelkeit am unbeschwertesten Verzicht leistet und schreibt sein Pseudonym darunter. Manche verwursten die Namen ihrer Kinder zu Pseudonymen, manchmal ist es aber auch eine kleine Geschichte. Wie diese. Es ist tatsächlich mein schönstes Ferienerlebnis, denn es waren wirklich Ferien in der Berufsschule.

In der Lehrlingswerkstatt der Druckerei Fortschritt allerdings nicht, und das war ein Jammer. Denn in dieser Folterkammer meiner Jugend, in der bleierne Buchstaben zu Wörtern addiert wurden, gab es buchstäblich nichts, was mich interessierte. Das fand sich im Theater, im Schauspielhaus, wohin ich häufig ging, das Herz voller ungestillter Sehnsucht, den Kopf voller unverstandener Bücher. Es müsste toll sein, durch den Bühneneingang zu gehen, einfach so, als ob man dazu gehörte. Einmal waren wir mit der Lehrlingsgruppe dort und im Anschluss gab es ein Gespräch mit dem Regisseur Dieter Wardetzky, ein älterer Herr, der damals etwa zwanzig Jahre jünger gewesen sein muss, als ich es jetzt bin. Ich tat, was ein Mann tun muss, ich profilierte mich rhetorisch in diesem Gespräch als progressiv-dynamischer Nachwuchsintellektueller und fragte, solchermaßen das Terrain bereitet, ob ich mir einmal eine Probe anschauen dürfe. Natürlich, kein Problem, kommen Sie, berufen Sie sich auf mich, gern. Was soll er auch sagen.

Ich schlich in der Folge viele Abende um das Haus, ich sah die Schauspieler kommen Peter Pollatscheck und Peter Sodann, Karin Gregorek und Ingrid Hiebsch, Renate Hundertmark und Klaus Schleiff, ich nahm viele Male Anlauf, aber ich traute mich nicht. Schließlich, ein Mann muss tun, was ein Mann tun muss, ging ich doch zum Pförtner. So und so, Herr Wardetzky habe mir erlaubt usw. Schließlich holten sie ihn, er wirkte etwas zerstreut. Ach ja, Sie, nein, das ist heute ungünstig, weil, ach was. Setzen Sie sich einfach leise in den Saal.

Es war eine Hauptprobe und das Stück hieß »Baran oder Die Leute vom Dorf«. Es kam nie zur Premiere. Diese Probe, das erfuhr ich später, war gleichsam die Zensurvorführung, die zuständige Behörde war anwesend und sie untersagte. Dieter Wardetzky, das begriff ich an diesem Abend nicht, dachte wohl, so habe seine Inszenierung wenigstens einen Zuschauer. Und dieses eine Mal geschah, was sonst ein Albtraum ist: Ich war der einzige normale Zuschauer, der diese Inszenierung sah. Deshalb, und weil es meine erste Probe war, hielt ich den Namen in Ehren.

Baran aber, wie mir dieser Tage Michaela Raabe sagte, ist russisch für Hammel. Aber das kann ich nun auch nicht mehr ändern.

Auf Lebenszeit

Wir waren alle da, oder doch fast alle, oder doch wenigstens: sehr viele von uns. Ich erkannte und begrüßte 1 Bestattungsunternehmer im Bereitschaftsdienst (also in traurig-seriösem Outfit und mit City-Piepser), 1 Versicherungskaufmann sowie etwa 7 Redakteure eines führenden Thüringer Blattes. Die beiden Mütter, die mit ihren wohlgeratenen Töchtern selbstvergessen vor sich hin rockten, waren dem älteren, aber leicht beschwingten Berichterstatter von Angesicht nicht bekannt, glaubhaft schien jedoch die Vorstellung, die Existenz der Töchter hätte einst im Mai nach einer Darbietung der fünf Herren auf der Bühne den gleichsam entscheidenden Impuls erhalten.

Irgendetwas müssen die fünf Jungs haben, das Michael Jackson nicht hat: den Stallgeruch der Jugend, die Erinnerung an die Heimatscholle. Und die Jungens wissen, wovon wenn sie leben, wenn sie singen »Das was einmal war/ist doch mein Leben«. Oder, wie es einmal in einem anderen Liede jener Zeit hieß, das heute indessen wenig Chance zu öffentlicher Darbietung hätte: »Da sind wir aber immer noch«. Was sowohl das Publikum meinen könnte wie die Künstler.

Harry Jeske mit dem Wuschelkopf erweckt noch immer den Eindruck, als würde ihn nichts so sehr langweilen wie ein Konzert der Puhdys, Quaster mit der Kopfstimme macht noch immer den Komiker und noch immer stellt er das Mikro so, dass er sich tief hinab beugen muss, Peter Meier ist jetzt wirklich so alt, wie er aussieht und Klaus Scharfschwert ist noch immer der Sunny-Boy im Team. Vor allem aber ist Maschine, wie wir Alten Dieter Birr liebevoll zu nennen pflegen, noch immer der Lead-Sänger, die Power-Maschine, das Kraft-Paket, von dem die anderen leben. Und noch immer denke ich, dass dies keine sonderlich gute Musik ist und noch immer gefällt sie mir, Hauptsache, es rumpelt richtig, Hauptsache, das Kraftwerk dröhnt.

Und noch immer singen sie im Publikum es den Jungens vor: »Alt wie ein Baum«. Und das ganze Life-Style-Zeitalter schleicht mit eingezogenem Schwanz aus dem Saal.

Ist es nicht schön?

Und als sie da oben diesen sozialen Protest-Song anstimmten – »Wir spielen bis zur Rocker-Rente« – da hatte ich eine wunderbare Vision. Irgendwann sitze ich in einem Seniorenheim, der Versicherungskaufmann ist auch da, und der Bestattungsunternehmer und die Redakteure und all die anderen Gefährten der Jugend. Und dann kommt ein Kulturprogramm zum Sonntagnachmittag, die jungen Pflegerinnen werden kichern, wie wir zum »Blauen Bock« einst kicherten und heißen wird die Darbietung für uns Alte »Die Puhdys«.

Und dann schreib ich meinen allerletzten Artikel.

Auf Lebenszeit.

Diese Nacht

»I reached for you but you were gone, so lady I'm going too.« Leonhard Cohen sang mir das vor aus dem Kassettenrecorder und ich fragte mich, woher er das wusste von mir. Denn genau so war es. Ich war gegangen und da saß ich nun. Das Bett war ein Lattenrost, den wir nachts vor einem Gemüsegeschäft geklaut hatten, es gab eine alte Kiste, einen hölzernen Stuhl, einen Tisch. Einen rauchenden Ofen und einen Heißlufterhitzer, dessen exzessiver Gebrauch gelegentlich die Sicherung durchfliegen ließ. Auf dem Boden in der Ecke stand, mit sich täglich vermindernden Romantikfaktor, die Schreibmaschine und auf dem Tisch brannte die Kerze. Das war eine Wohnung, in der ich eigentlich gar nicht sein durfte, weil eigentlich niemand sein durfte in dieser Wohnung. Sie befand sich im Prenzlauer Berg, aber es wäre falsch zu sagen, ich wäre ein Teil dieser alternativen Szene gewesen. Im Gegenteil, ich war Mitglied der SED und stellvertretender Chefredakteur einer Filmzeitschrift, das galt hier eher als exotisch. Das Leben, wie man so sagt, hatte mich hierher verbracht und die Wohnungssituation in der Hauptstadt der Deutschen Demokratischen Republik. Und obgleich ich also, wie der DDR-Forscher Prof. Klaus Schroeder kürzlich ausführte, zu jenen gehörte, die den Marxismus als Rauschmittel nutzen, standen an diesem Abend je eine Flasche Wein und Cognac zusätzlich zur Verfügung. Es war der Heilige Abend.

Die Vorstellung, diesen Abend, diese Nacht allein zu verbringen, gilt den meisten Menschen als grauenvoll, als der psychologische GAU. Es ist der Tag der Tage, die Nacht der Nächte. Es gibt keinen anderen Abend im Jahr, an dem wir uns, das ist beinahe schon genetisch bedingt, als auf Gemeinschaft angewiesen empfinden, auf Wärme und auf Nähe.

Ich hätte den Abend auch anders haben können, es gab Eltern, es gab Einladungen. Aber ich wollte nicht der sein, dem man diesen schweren Abend erleichtert und der, mit dem man ihn verbringt, damit es so bleibt, auch nicht. Es gab niemandem, mit dem ich die Versprechungen dieser Nacht hätte teilen wollen.

Also allein. Am Nachmittag noch bisschen spazieren gegangen, da fällt man noch nicht so auf, wie man es am Abend in einer Gaststätte täte. Meine Gans war ein ganzer Broiler, es war das Einfachste. Dazu Leonhard Cohen, den ich in einem Anflug pseudopoetischer Umnachtung das schwarze Licht in meinen dunklen Nächten zu nennen pflegte, aber nur, wenn es niemand hörte.

Und so war dann der Abend. So eine sich selbst genießende Melancholie, so eine schwebende Traurigkeit, die intensiver ist als eine wabernde Fröhlichkeit. So ein Schmerz, der nicht beschwören könnte, doch auch eine Art Lust zu sein.

Ich habe diesen merkwürdigsten Heiligen Abend protokolliert, im Tagebuch, Stunde um Stunde. Ich habe mich sehr bewusst beobachtet, ich habe mich zum Objekt meiner Beobachtung gemacht. Ich habe gewartet, dass ich zu weinen begänne oder zu jammern: Und genau deswegen geschah es nicht. Der Mensch verhält sich anders, wenn er sich beobachtet weiß – und sei es auch durch sich selbst. Es war wohl so, dass dieser Abend ein interessanter, spannender wurde, weil er so singulär war in meinem Leben, es war und blieb der einzige Heilige Abend ohne Menschen, das machte ihn in gewisser Weise kostbar: Er war die Ausnahme, die auf die Regel verwies.

Am nächsten Tag fuhr ich mit einem Bekannten nach Hiddensee. Am Abend standen wir unterm Leuchtturm, über uns dieser merkwürdig flirrende Schirm aus wirbelndem Licht, wie ein Schiff, bereit zum Ablegen in eine andere Welt. Nie habe ich unter einem faszinierenderen Weihnachtslicht gestanden.

Und ich hoffe, ich muss es nie wieder tun. – Frohes Fest.

Die Insel

Leben am Rande der Stadt – Impressionen von einem
Zirkus irgendwo in Deutschlands Osten

Wir stehen im Sattelgang, einen Vorhang und zwei Schritt von der Manege entfernt, vorn macht Egon seine Ansage: »Wir empfangen mit einem donnernden Applaus Don Alfredo!« »Das bin ich«, sagt Adolf grinsend und geht raus.

Mittags hatte es geregnet. Die kleine Wagenburg inmitten des Thüringer Neubaugebietes duckte sich in den Schlamm wie ein exotisches Tier, bunt und fremd und scheu. Umgeben von Pfützen, die bis an die Hosen reichen, gesäumt von Erdwällen, die eine Grenze zu markieren scheinen, ein anderes Ufer. Als beträte man eine fremde Insel.

Adolf und Gerhard sind nicht da. Die Waschmaschine im Schlamm, das Bullauge gibt den Blick frei, schleudert in merkwürdiger Absurdität weiße Wäsche, später wird Carmen sie resigniert unter den nieselnden Himmel hängen. Von der anderen Seite des Platzes weht Misstrauen herüber, zwei Männer. Nachmittags werden wir zusammen rauchen und sie werden ihre Namen sagen: Weihnachtsmann und Einarm. Weihnachtsmann war zwanzig Jahre Agrotechniker in einer LPG, die gibt es nicht mehr. Einarm, der linke Ärmel hängt leer an der Seite, hat eine richtige Wohnung, die gibt es noch, aber er mag sie nicht. Sie arbeiten hier für Essen und Unterkunft. Manchmal, wenn es läuft, gibt es etwas Geld für Zigaretten und eine Flasche.

Das Misstrauen gilt nicht dem Zeitungsmann, der ist fremd, aber willkommen, Werbung kann hier niemand bezahlen. Aber, Hildegard erzählt es, eine Behörde ist da. Die Erfahrungen, die sie haben mit Behörden, sind nicht von der fröhlichen Art. Sie sind unruhig, nervös. Hildegard und Carmen fauchen die Kinder an, die – zwei und drei Jahre – im Wagen mit dem piepsenden Vogel und dem krächzenden Recorder spielen, die Frauen rauchen, machen Kaffee auf dem alten Kocher und haben Angst. Werden sie spielen können heute Nachmittag? Und überhaupt? Die Bestuhlung wurde moniert von der Bauaufsicht, neue Bänke kosten Geld, den Platz haben sie ohne Spielgenehmigung, die Männer von der Behörde tun sich um und Adolf und Gerhard sind nicht da. Nur Angst ist jetzt auf diesem Platz. Sie spielen heute für das Geld, von dem sie übermorgen leben.

Wir sitzen im Wohnwagen. Aus der Perspektive dieser Stunde erscheint das ferne Leben hinter den Fenstern der Neubauten – es mögen fünfzig Meter sein – von lockender Schönheit. Ab und an steckt die Behörde die Köpfe durch die Tür – es sind recht junge Männer –, Balla sucht die schreienden Kinder zu beruhigen. Balla ist 18 und heißt eigentlich Diana, sie macht das Kindermädchen für Essen und ein Dach übern Kopf, früher hat sie Maschinen gebaut in einer Fabrik. Hildegard und Carmen kramen nach Fotos, irgendwie wollen sie den Mann von der Zeitung unterhalten, Presse ist wichtig, und jetzt hat der noch die von der Behörde gesehen. Früher waren sie auch in der Manege und später werden sie es wieder sein. Jetzt hat Hildegard gerade das Krankenhaus hinter sich, die Nerven, und Carmen ist vielleicht schwanger, drei hat sie schon, 31 Jahre. »Aber ich will höchstens noch zwei«, sagt sie, »fünf sind genug.« Carmen kann den Handstand, fünf Meter hoch auf schwankenden Stühlen, vorher hat sie Auto-Stunts gemacht. »Aber ich habe Angst vor Spritzen, wissen Sie«, sagt sie und lächelt etwas verlegen. So viel Spritzen bekommt sie nicht, sie ist in keiner Krankenkasse. Später lässt sie ihre Muskeln fühlen, da bin ich es, der verlegen ist. Den ganzen Vormittag war sie unterwegs, um Schulen in den Zirkus zu bringen. Sie machen hier keine große Nummer draus, dass sie anders sind, ihre Erfahrungen mit dem Anders-Sein sind nicht so beschaffen, dass sie es gern sonderlich betonten. Hildegard kann schwer beschreiben, wie der Zirkus sie prägt, dann fällt es ihr ein, es ist ja erst eine Woche her: »Ich kann nicht schlafen im Krankenhaus, es ist wie ein Gefängnis. Ich brauche eben den alten Wagen hier.« In der Ecke des Wagens, auf dem verschlissenen Buffet steht eine billige Porzellanfigur, es ist ein Pferd.

Später kommt Sabrina aus der Schule, sie ist 11 und tanzt auf dem Seil. Eine verstörende Anmut auf diesem Platz, das Mädchen könnte in jedem Werbespot die Tochter der Familie machen, die sich um die Glücks-Margarine schart. Sie hat einen Waschbären und liebt den Zirkus, später zeigt sie mir stolz ihren Manegenschmuck. Am Abend spielt sie mit den Kindern aus der Gegend. Sie gehen ins Zelt und spielen Zirkus. Ihr Onkel Max ist dreizehn und der Clown. Wenn es in der Schule nach Ärger riecht, geht er zur Seite, er ist vom Zirkus. Später erzählt einer der Erwachsenen, wie es war, als sieben fremde Männer auf dem Platz standen und einer hatte die Latte in der Hand. Da warf Max seinem großen Bruder den Baseballschläger zu. »Man muss lustig sein«, sagt der Clown Max.

Gegen drei kommen Gerd und Adolf, aber sie müssen noch mal mit zur Behörde. Halb fünf sind sie noch nicht zurück, die Vorstellung beginnt um fünf. Aber sie haben die Genehmigung für einen neuen Platz. Adolf und Gerd haben Schultern und Hände, mit denen ich mich nicht anlegen möchte, aber sie wirken wie Männer, die einen in Ruhe lassen, wenn man sie in Ruhe lässt. Halb fünf kommt Egon mit dem Auto aus Zittau, jeden Tag. Er macht die Ansage und jongliert die Tanzenden Teller, die Nummer mündet regelmäßig in rhythmischen Applaus. Nächstes Jahr kommt Egon vielleicht fest zum Zirkus, sie hätten ihn gern, schon wegen der Behördengänge. Er ist gebildet und kennt sich aus mit komplizierten Sätzen; Egon ist staatlich geprüfter Kulturhausleiter. Die Frauen sind am Ende, Sabrina verkauft vorn die billigen Karten für eine Vorstellung, von der niemand weiß, ob sie stattfinden wird.

Es ist dreiviertel fünf, da kommen die Männer zurück, Behörden sind pünktlich. Es ist die Stunde der Dämmerung, das Zelt füllt sich. Die bunten Lämpchen über dem Chapiteau, die am Tage wie eine traurige Erinnerung im Regen hingen, beginnen zu leuchten, das Neon in den Neubaufenstern verblasst. Ich habe gelitten mit den Frauen und diskutiert mit den Männern, stand im Schlamm und sah verwaschene Leinwand, verwitterte Farbe und verzweifelte Leute. Und hatte darüber das Eigentliche vergessen: Dass diese Leute einen Beruf ausüben, der Wunder zeugt. Aber jetzt vollzieht sich es sich, das Wunder. Die Stürme des Tages weht ein magischer Wind von der Insel, die Manege weiß nichts von Spielgenehmigungen, Geld, Ämtern und Baseballschlägern. Vierhundert Kinder auf klapprigen Stühlen, vierhundert Träume.

»Wir empfangen mit einem donnernden Applaus Don Alfredo!«, ruft Egon vorn. Adolf drückt die Zigarette aus, grinst mich an und sagt »Das bin ich«. Ich grinse nicht: Denn er ist es wirklich, wenn er draußen steht vor den jubelnden Kindern.

Wenn sie den Preis entrichten für ihr Leben und die Träume unserer Kinder, die Leute von der Insel, dann sind sie allein mit ihren Kindern.

Die Zeit steht still im Schlager-Land des Lächelns

Henryk Goldberg war dabei bei der Aufzeichnung der »Schlager des Jahres« durch den MDR in Suhl.

Karl-Heinz ist ein Profi. Karl-Heinz macht den Job seit zehn Jahren. Karl-Heinz Koszack aus 34216 Baunatal, er gibt mir seine Geschäftskarte, verkauft Leuchtmittel. Rote, blaue grüne, Ringe, Lampen, Stäbe. Alles, was blinkt und Laune macht. Nächste Woche, sagt er, ist er schon wieder in Nürnberg. Jetzt ist er hier im Kongresszentrum Suhl, Aufzeichnung für »Die Schlager des Jahres«.

Und? Na, geht so, sagt Karl-Heinz, Mallorca ist besser. Aber hier ist auch gut. Aber jetzt zur Generalprobe die Rentner, die kaufen nicht so viel, sagt er. Aber dann kommen zwei Damen und kaufen. Und Blinki schiebt einer der beiden Damen noch ein rotes Blinkerding auf den Finger. »Weil Sie heute meine erste Kundin sind«.

Diese Sendung wird am 30. Dezember ausgestrahlt, MDR, was sonst. Ich werde dann nicht im Lande sein, aber selbst wenn, hätte ich sie nicht gesehen. Doch war das ein kulturelles Bildungserlebnis.

Ich weiß jetzt alles über den deutschen Schlager. Wenn ich noch zwanzig Jahre lang Schlager hörte, ich würde dann mehr von ihnen kennen, mehr von ihnen wissen, würde ich nicht. Denn der Schlager ist ein Mysterium und als solches keinem Verständnis zugänglich, das nicht aus dem Herzen kommt.

Aber jetzt kommt Ronny. Ronny Krappmann. Sein Job ist das Generieren von Begeisterung. Noch zehn Minuten bis zum Beginn der Generalprobe und Ronny macht das Warm up. Die große Torte auf der Bühne wurde schon mit rosa Häubchen geschmückt. Denn, erklärt Ronny, diese Sendung hat Geburtstag, sie wird, sagt er, volljährig. Nein, er sagt nicht, dass sie nun also für sich selbst verantwortlich wäre und belangt werden könnte, aber sonst ist er schon lustig. Vor allem: Lächeln. Das ist ganz wichtig, wenn die Kamera kommt, ganz natürlich, ganz fröhlich. Wir sind im Schlagerland, wir sind im Land des Lächelns.

Hat jemand, fragt der Ronny, seine heimliche Geliebte mit? Das könnte nämlich Probleme mit der Ollen geben, wenn die die sieht am 30. Dezember. Und die Damen sollten ruhig zwei Knöpfe an der Bluse öffnen. Und noch irgendwas mit Toilette gehen und den Dingen ihren Lauf lassen. Oder so.

Aber jetzt.

Hallo Suhl!

Hallo Bernhard!

Jetzt kommt Bernhard.

»Hallo Suhl!«

»Hallo Bernhard!« brüllen wir zurück, Ronnys Unterweisungen tragen Früchte. Bernhard Brink erzählt schnell noch zwei, drei lustige Sachen – »Ich stehe neulich an der Tankstelle.« – und dann geht es richtig los. Dann geht es ab.

Es ist nämlich Jürgen Drews. Er hat noch immer diesen Wind im Haar, er hat noch immer diese nackte Haut unterm Jackett und er hat noch immer kein Gesicht, das dazu passt.

Der Schlager ist offenkundig doch geeignet, die eine oder andere Beobachtung aus dem richtigen Leben zu verifizieren. Nicht der Schlager als solcher, aber der Vortragskünstler als solcher. Es ist nämlich so, dass gestylte Männer, die nicht mehr ganz jung sind, ungleich alberner wirken als gestylte Frauen, die nicht mehr ganz jung sind. Und die bunte Schlagerbühne mit der Lächeln-bis-der-Arzt-kommt-Mentalität wirkt wie ein Vergrößerungsglas. Nino de Angelo muss ein kluger Mann sein, der das weiß. Mit seinem Outfit könnte er irgendwo eine Bockwurst essen, und niemand fände ihn komisch. Das ist ein Satz voller Respekt. Rex Gildo, heißt es, starb, als er die Spannung zwischen sich und seiner Maske nicht mehr aushielt.

Aber jetzt brüllt jemand vom Rang, so richtig kräftig, »Macht den Scheinwerfer aus, wir sehen nischt!«. Es geschieht und es wird die einzige Panne der Generalprobe bleiben. Und es beweist: Die Leute wollen das wirklich sehen.

Und Ute Freudenberg, die jetzt kommt, kann man auch wirklich hören. Die »Jugendliebe«, was damals niemand wissen konnte, war ihr Ticket in eine Zukunft nach der Jugend, deshalb muss sie keine Jugendlichkeit darstellen. Und »Jugendliebe«, das war am Ende so auch etwas wie ein Schlager. Aber es war einer, den junge Leute hörten und mochten.

Im Schlager muss eine merkwürdige Kraft verborgen sein. Die Menschen, die hier einen wunderbaren Nachmittag genießen, waren jung, als die Beatles und die Stones begannen. Und hören heute doch lieber Bernhard Brink und Andrea Berg.

Vielleicht ist es eine Frage der Mentalität. Diese Lieder sind so etwas wie Entschleuniger der vergehenden Zeit. Die Oldies des Rock sind ganz klar einer Vergangenheit zuzuordnen. Schlager scheinen zeitlos. Schlager klingen heute wie damals und sie werden später klingen wie heute. Vielleicht gibt es deshalb im Schlager kaum Oldies: Der Schlager ist ein Oldie an sich. Ein Gefühl von Jugend, das im Heute angesiedelt ist. Vergangenheit in den Farben der Gegenwart. Oder umgekehrt. Vielleicht ist dieser Abend für sie deshalb etwas anderes als für mich. Und wir haben alle Recht.

Auch Karl-Heinz ist zufrieden. Es lief ganz gut mit den Rentnern. Obwohl, Malle bleibt Malle.

In der neuen Strafanstalt Arnstadt: Der Reporter verbrachte im Mai 2014 eine Nacht hinter Gittern – probeweise, bevor die ersten Häftlinge einzogen. (Foto: Marco Kneise)

6. Sind Sie, äh, jüdisch?

**Henryk Goldberg, selbst Jude, über Juden
und ein bisschen auch über Israel**

Eine Frage
am Abend

Der Junge, 17 Jahre, blonde Prinzenlocken, war nicht wegen mir da, aber er war zu Besuch in der Wohnung, in der auch ich wohne. Als die drei jungen Menschen verköstigt waren, bedankte sich der Junge artig bei der Dame des Hauses. Der hat, grinste ich, es voll drauf.

Dann sah er den Leuchter. »Sind Sie, äh, jüdisch?«, fragte er, was ich wahrheitsgemäß bestätigte. Und dann kam es. »Wie is'n das, ich meine, so als Jude?«

Es herrschte etwa 1 bis 2 Sekunden Stille. Dann begannen die übrigen Anwesenden laut und anhaltend zu lachen. Der Junge grinste etwas unsicher, aber er entnahm den Gesichtern im Allgemeinen und dem des so Befragten im Besonderen wohl, dass hier niemand die Absicht hatte, in irgendeiner Weise und aus irgendeinem Grunde beleidigt zu sein.

Im Gegenteil. Ich fand die Unbefangenheit, mit der dieser Junge eine völlig natürliche Frage auf eine völlig natürliche Weise stellte, ausgesprochen wohltuend. Es war wie ein Blick in die Zukunft. Er hat nicht gefragt, ob ich wohl ein Mitbürger jüdischen Glaubens sei – eine unsägliche, jammervolle Formulierung, die mich jedes Mal, wenn ich sie lese, auch in dieser Zeitung, denken lässt, das sei Goebbels letzter Sieg. Ihr eigentlicher Sinn nämlich besteht darin, das böse Wort »Jude« zu vermeiden und dem Mitbürger Toleranz zu signalisieren.

Wir werden wohl warten müssen, bis diese Generation das Sagen hat.

Die Intoleranz
der Freigeister

»Das soll das Zeichen sein des Bundes zwischen mir und euch«. So sprach der Herr und so handeln die Juden, seit Jahrtausenden. Und so ward auch der Jude Jesus beschnitten, ehe er das Christentum stiftete. Die körperliche Unversehrtheit ist ein höheres Gut als die Religionsfreiheit. So sprach das Landgericht Köln und hat damit eine Debatte ausgelöst, die weit mehr umfasst als die entfernten Vorhäute von jüdischen und muslimischen Knaben. Sie beschreibt vor allem die religiösen Vorurteile in Deutschland. Die, richtige, Emanzipation von der Religion führt für viele Menschen in die, unrichtige und fatale, Ablehnung aller Religiosität.

So war es, als der deutsche Papst Deutschland besuchte, so ist es jetzt. Der Begriff der körperlichen Unversehrtheit wird hier zum Kampfbegriff. Er mag seinen Sinn in der Jurisprudenz haben, doch er ist hier lebensfremd. Und polemisch, und dümmlich dazu, ist der Vergleich mit der Beschneidung von Mädchen. Denn während diese Verstümmelung der sexuellen Subordination dient, indem sie die Fähigkeit zur Lust nimmt, hat die Beschneidung der moslemischen und jüdischen Jungen keinerlei nachhaltige Folgen, die einen Eingriff in die Lebensqualität bedeuteten.

Hier, bei den Jungen, wird der Begriff der körperlichen Unversehrtheit zur reinen Theorie, die entweder akademisch ist oder die Camouflage für Antireligiosität. Das öffentlich getragene Kopftuch ist das vollkommen selbstverständliche Bekenntnis zu einer Religion, wenn dieses Bekenntnis nicht erzwungen wurde, das macht es schwierig. Die Beschneidung von männlichen Säuglingen ist auch kein freiwilliger Akt – aber er markiert den, den er betrifft, nicht in der Öffentlichkeit.

Menschenwürde und Menschenrecht stehen selbstverständlich über der Religionsfreiheit. Die entfernte Vorhaut aber tangiert das Menschenrecht nicht. Aber die Debatte darüber in Deutschland ist auch eine über die Intoleranz der Freigeister.

Lieber arischer Brieffreund,

erlauben Sie mir zunächst, auf der dritten Person Plural zu insistieren, wiewohl Sie das persönlich-vertrauliche Du in Ihrem Brieflein mit durchgehendem Charme zu gebrauchen wissen. Und, bitte, glauben Sie mir mein aufrichtiges Bedauern angesichts des betrüblichen Umstandes, dass Ihr in mich gesetztes Vertrauen arglistig zu brechen ich die Chuzpe besitze. Denn, so lese ich in Ihrer Schrift, die mich dieser Tage in der Redaktion erreichte, »Untersteh Dich den Brief zu veröffentlichen oder an andere weiterzureichen«. Ich will nun nicht mit Ihnen, mein trauriger Freund, über den erweiterten Infinitiv mit zu und seine Bedeutung für die Interpunktion des deutschen Satzes disputieren; ich will Sie vielmehr wissen lassen, wie sehr ich Ihren Schmerz um diesen jüdischen Vertrauensbruch verstehen kann, denn ohne Zweifel konnten Sie mit einigem Recht erwarten, dass einer freundlichen Bitte ebenso entsprochen wird. Zumal Sie augenscheinlich bereits des längeren rührend um mich bemüht sind: »Schon lange«, so lassen Sie mich freundlich wissen, »beobachten wir Dich beim Schmieren Deiner verdeckt antideutsch, antiarische Schmierereien! Zügele Dich beim Schmieren Deiner animalisch, semitischen Phantasien!«

Nun, mein verschmierter Freund, ich will Sie nicht verwirren, indem ich Sie nötige, in eine Diskussion über Ihre antideutsche, antiarische Grammatik einzutreten; und wer richtig Deutsch schreibt, hat es ohne Zweifel nötig, und Sie, Wertester, haben es ohne Zweifel nicht nötig. Aber bestehen, auch auf die Gefahr, Sie zu verärgern, was ich sehr bedauerte, bestehen also muss ich darauf, dass Sie nur außerordentlich unzureichend unterrichtet sind über meine animalischen und ohne Zweifel wohl semitischen Phantasien. Mein sexuell-semitisches Selbstwertempfinden zwingt mich zu der Feststellung, es reiche der Horizont meiner animalischen Phantasien durchaus sehr viel weiter, als Sie im Blatte zu lesen die Gelegenheit hatten. Und da wir gerade dabei sind, mein guter junger Herr: Haben Sie möglicherweise das eine oder andere Problem mit den – Phantasien? Sie wissen schon, wenn man abends allein ist und nicht weiß wohin, nicht wahr? Einen Juden aufklatschen oder ein deutsches Mädel umlegen, gell? Und dann doch lieber zum Juden gehen, weil: Die Faust kriegt man leichter hoch, nich? Und beim Prügeln stört auch das Schwitzehändchen nicht so, was? Es geht mich ohne Zweifel nichts an, und gewisslich haben Sie recht, wenn Sie mir anempfehlen, meine jüdische Hakennase in meine Angelegenheiten zu stecken, aber erlauben Sie mir dennoch den Rat eines Älteren: Versuchen Sie doch gelegentlich, diese von mir zart angesprochenen Fragen nicht ausschließlich mit der geballten Hand zu regeln. Sie werden sehen, man lebt viel entspannter.

Hatten Sie diesen Problemkreis im Auge, als Sie mich dringlich baten »Untersteh Dich aber bei Deinen Schmierereien Nigger mit Deutschen zu vergleichen!«? Oder haben Sie tatsächlich immer nur mich im Auge? Sie schmeicheln mir, wirklich, wenn Sie mir versprechen »Goldberg wir beobachten Dich ständig und sind zu allem bereit! Wir sehen Dich auch wenn Du es nicht vermutest!« »Wir«? Sie sind also nicht einer, Sie sind zwei, drei, vier? Sie haben den Schritt vom Ich zum Wir getan? Das ist es, das erklärt es. Ich war es bereits vermutend, dieses Schriftstück müsse als das Resultat eines kollektiven Denkprozesses angesehen werden.

»Nimm diesen Brief«, so erläutern Sie freundlich Ihre pädagogische Absicht, »noch als gutgemeinten Rat.« Aber gewiss doch, meine Herren. Zumal, wenn der gute Rat die touristische Planung des kommenden Sommers unterstützt: »Verpiß Dich endlich dorthin, wo Du hingehörst (Israel das Affennest).« Sie haben da möglicherweise Israel mit Gibraltar verwechselt, aber das ist Ihr gutes Recht. Dieses ist ein freies Land und niemand ist verpflichtet, irgendetwas zu wissen.

Ihren abschließendem Rat allerdings »Friss ihn (den Brief/HG) am besten gleich auf«! vermag ich zu meinem großen Bedauern nicht zu folgen. Sie wissen doch, wir dürfen nicht vom Schwein.

Nächstes Jahr
in Jerusalem

Der Taxifahrer sagte »Good luck« und fuhr davon. Da lehnten zwei Soldaten, die ein wenig so aussahen, als wären sie schon mit Lawrence durch Arabien geritten. Ihre Maschinenpistolen wirkten ungefähr so bedrohlich wie die Nordic-Walking-Stöcke der Seniorengruppe. Ich zeigte einem gelangweilten Offizier den Pass, dann fuhr der Bus. Als er hielt, standen da wieder Soldaten. Die wirkten, anders als ihre Kollegen in der anderen Uniform, nicht, als machten sie eigentlich eine Pause am Feldrand, die waren konzentriert und ernst. Wir zeigten die Pässe, bekamen sie zurück, stiegen ein und fuhren weiter. Ich war überrascht, so einfach hatte ich mir das nicht vorgestellt. Dann hielten wir wieder. Da war, es kam doch noch was, eine Schlange, die sich auf einen Schalter zuwand. In einiger Entfernung stand ein junger Mann; austrainiert, Jeans, Turnschuhe, die Rechte auf der Maschinenpistole. Auch in seinem Alter und ohne Waffe hätte ich mich ungern mit ihm angelegt. Der stand nicht nur so, der machte seine Arbeit und die hatte er gelernt. In der Schlange überwiegend Araber in der landesüblichen Kleidung. Der Junge bedeutete mir, die Umhängetasche abzustellen und mich von ihr zu entfernen. Er sagte nicht, Ich will Ihre Hände sehen, aber es war genau die Situation. Passport please. Nebbich, was soll sein, ein harmloser deutscher Tourist, hinreichend alt zwar, der Vater des Jungen zu sein, aber nicht alt genug, um seinen Großvater bewacht zu haben. Er brachte mich, inzwischen war ein zweiter hinzugekommen, drei Meter seitlich, Maschinenpistole, in einen kleinen Raum. Your Shoes please, er nahm sie mit.

Kaum war eine Stunde vergangen, kam ein anderer. Woher, wohin, warum. Er war wohl bei jener Behörde angestellt, die in jedem Thriller aus dem Nahen Osten eine tragende Rolle spielt. Nach etwa drei Stunden die Schuhe zurück, okay, that's all. Ich stellte mich an den Schalter, das dauerte nur eine Stunde, die uniformierte Frau arbeitete wohl für eine andere Behörde. Der israelische Taxifahrer hatte gewartet und fuhr mich in die spannendste Stadt der Welt. Es ist, als stürze man, mit Thomas Mann, tatsächlich dreitausend Jahre tief in den Brunnen der Zeit. Einige Jahre zuvor hatte ich mich zwei und eine halbe Stunde angestellt am Grab Christi für eine Minute an diesem auratischen Ort. Dieses Mal dauerte es fünf Minuten und dann hatte ich jede Zeit der Welt. Der Passionsweg frei begehbar, an der Klagemauer fast keine Touristen, wir waren, so zu sagen, unter uns. Allerdings hatte ich dreihundert Euro bezahlt für diese zwei Stunden Jerusalem, der unsicheren Verhältnisse wegen. Es waren nur zwei Stunden, weil die Allenby-Bridge, die auf jordanischer Seite King-Hussein-Bridge heißt, am Nachmittag schließt. Und die Gegend um die Brücke herum ist nicht sehr erholsam für Fremde, für Einheimische übrigens auch nicht.

Es war wohl, weil der Tourist ein wenig so aussah, als könnte er Verwandte haben in den Zelten und das tarnen wollen mit einem deutschen Pass und einem Namen darin, wie er in diesen Zelten nicht vorkommt. Manchmal, wenn ein Selbstmordattentat in der Zeitung steht, denke ich an diese Brücke und das Misstrauen ihrer Wächter.

Das war vor zwei Jahren. Jetzt fahre ich wieder hin, aber ich bin nicht sicher, ob ich wieder zu jener Brücke will. Ich werde am Strand liegen und entspannen. Und hinterm Wasser sterben Menschen, die aus den Moscheen und die aus den Synagogen.

Häuser
für die Ewigkeit

*Ein Spaziergang durch die jüdische Geschichte
der Stadt Erfurt*

Edithchen Buchholz starb am 17. Mai 1912. Sie wurde vier Jahre alt. Über die Ursache ihres Todes gibt der Stein keine Auskunft. Er steht kalt und schweigend auf dem Neuen Jüdischen Friedhof der Stadt. Was hätte das Kind noch erleben können, wenn es hätte leben dürfen.

Auch Günther Beer wurde nur vier Jahre alt, das genaue Datum seines Todes ist nicht bekannt, die Ursache schon. Sie ist eingraviert in der Denknadel, die vor dem Haus Domplatz 23 steht. Der Junge, der seit 1939 in diesem Haus lebte wurde 1938 geboren. Am 9. Mai 1942 wurde Günther Beer deportiert, das Ghetto Belzyce in Polen. An diesem Tag wurden 101 Erfurter Juden deportiert. Überlebt hat nicht einer. Dieses Kind, legt das Datum nahe, wurde drei Jahre zu früh geboren. Aber im Mai des Jahres 1945 gab es kaum eine Jüdin in Deutschland, die in Freiheit einem Kind hätte das Leben schenken können. Edith Buchholz wäre da 46 Jahre alt gewesen. So hat sie nie erfahren müssen, was eine Deportation ist und wo Auschwitz liegt.

Wenn Günther und seine Mutter auf die Straße gingen, dann sahen sie den Erfurter Dom. Dorthin gingen die Christen. Sie waren wohl auch dort an dem Sonntag, der auf dem 9. Mai folgte. Diese Kirche wurde 1182 geweiht. Das war sehr lange her. Doch da waren die Bäume, die das Gebälk für die Alte Synagoge der Erfurter Juden abgaben, schon etwa seit 90 Jahren Bauholz.

Der Kaufmann Kalman von Wiehe war da noch nicht geboren. Er starb wohl 1349 und das war vor seiner Zeit. Es war der große Pogrom. Der jüdische Kaufmann besaß ein Haus in der Michaelisstraße. Dort, auf seinem Grund, hat er wohl seinen Besitz vergraben, ehe die Erfurter ihn und seinesgleichen erschlugen. Hat ihn vergraben, damit ihn die Erfurter nicht finden, niemand konnte wissen, wie es ausgehen würde dieses mal. Die späten Nachfahren derer, die ihn und die Seinen erschlugen, fanden ihn, den Schatz, doch, 649 Jahre später. Sein Wert hätte damals ausgereicht, ein weiteres Haus zu bauen, mit allem was dazugehört. Ein Haus ist auch Teil dieses Schatzes, des herausragenden Teils. Dieses Schmuckstück muss der Frau des Kaufmanns gehört haben, denn Hochzeitsringe blieben im Besitz der Braut. Und tragen die figürliche Darstellung eines Hauses. Dieses Haus ist das Symbol des verlorenen Zweiten Tempels in Jerusalem, den die Römer zerstörten. Das war im Jahr 70 und es war noch kein Menschenalter her, dass der Jude Jesus Christus, dessen Geburt als das Maß der Zeit gilt, an das Kreuz geschlagen wurde. Die Juden, die in die Diaspora verstreut wurden, lebten in der Zeit und mit der Zeit, der Tempel dieses Ringes ist ein gotischer Bau, aber sie nahmen die Erinnerung mit und die Hoffnung. So wie die Synagogen, die den zerstörten Tempel ersetzen mussten, sich Zeit und Ort anpassten.

Der Kaufmann Kalman von Wiehe wird ein Besucher dieser alten Synagoge gewesen sein. Sie wurde nicht zerstört, wie der Tempel, dessen Stellvertreterin sie ist. Sie ist heute die älteste bis zum Dach erhaltene Synagoge in Mitteleuropa. Aber sie hat die Jahrhunderte nicht überdauert, weil sie eine Synagoge ist. Die Dauer des Gotteshauses verdankt sich seiner Entweihung, dem Umstand, dass die ursprüngliche und eigentliche Bestimmung dieser Synagoge in Vergessenheit geriet. Nach dem großen Pogrom 1349 wurde sie von der Stadt an einen Händler verkauft, 500 Jahre Speicher. Später im 19. Jahrhundert, wurde der Bet- zum Tanzsaal, oben wurde getanzt, im Keller gekegelt. Die Empore, von der aus die Gäste die anwesenden Damen beobachten konnten, trug fröhliche

Farben. Kaum ein Erfurter wohl, der nicht einmal in der »Feuerkugel« war, Deftiges aus Thüringer Küche. Und kaum einer, der wusste, dass er sein Bier in der Synagoge trinkt. Anbauten hier, Häuser da, die Synagoge als solche wurde vergessen und umbaut.

So haben die Zeiten einen Ring des Vergessens um dieses Gotteshaus gelegt, haben mit dem Haus auch die Erinnerung daran eingemauert. Als sollte dieses Haus geschützt werden, bis es keines Schutzes mehr bedarf. Bis es einmal groß und stolz auferstehen würde, um seine Geschichte und die derer, die hier ihren Gott bekannten zu erzählen. Dieses Gebäude, gemacht aus Stolz und Trauer, spricht wie kaum ein anderes der Stadt, zu jedem, der bereit ist zu hören.

So wie, auf andere, nüchterne, unpathetische Weise dieses andere Haus, an der Straße nach Weimar, nach Buchenwald. Topf & Söhne. Hier waren ganz normale Menschen, keine Helden und keine Verbrecher. Hier wurden die Öfen gebaut für Auschwitz und Buchenwald. Dies ist kein Ort, der Pietät erzwingt, obgleich die Opfer mittelbar ständig präsent sind, kein Ort der emotionalen Überwältigung. Es ist ein Ort, der Aufmerksamkeit will, wenn er erzählen soll, was er zu erzählen hat. Man muss sich einlassen. Auf die sachlichen Dokumente, die Geschäftskorrespondenz, das fotografische Abbild des deutsch-plüschigen Chefzimmers, in dem Ernst Wolfgang Topf auf ein Memorandum des Ingenieurs Fritz Sander reagierte: »Durch entsprechende Nachstoßöffnungen kann bei einem eventuellen Festbrennen oder Festklemmen der Einäscherungs-Objekte von außen nachgeholfen werden«. Und: »Vorläufig habe ich für alle drei Gleitbahnen eine Neigung von 35 Grad gegen die Waagerechte vorgesehen, weil erfahrungsgemäß bei diesem Rutschwinkel auch schwieriges Brennmaterial selber rutscht.« Und: »Aus diesem

Grunde halte ich es für dringend notwendig, meinen Vorschlag als Patent anzumelden, damit wir uns die Priorität sichern.«

Es ist diese Sprache. So wurde über Lokomotiven gedacht und geschrieben oder über Drehbänke. Sachlich, zielorientiert, emotionslos. Und wenn da eine Emotion war, dann war es der Stolz, der Ehrgeiz des Ingenieurs, der sich auf sein Fach versteht. Es ist eine Variation auf den heiteren Spruch »Dem Ingenör ist nichts zu schwör«. Auschwitz als technische Herausforderung.

Und genau davon erzählt dieser Ort. Das weithin sichtbare Gebäude befindet sich inmitten einer urbanen Umgebung, dort wird gewohnt und gearbeitet, verkauft und geworben. Die Verlängerung der Normalität, die eine erwünschte ist. Das Gelände ist offen nach allen Seiten, nur die mit Split belegten Flächen schaffen eine Art Schutz- und Achtungsraum.

»Wir schaufeln ein Grab in den Lüften«, schrieb Paul Celan in der »Todesfuge«, seinem Gedicht für die Ewigkeit und: »der Tod ist ein Meister aus Deutschland«. In Erfurt wurde dieses Begräbnis entwickelt, hier wurde sorgfältig gearbeitet, damit geschehen konnte, was Celan in seinem Gedicht den Deutschen sagen lässt: »dann steigt ihr als Rauch in die Luft,/dann habt ihr ein Grab in den Wolken, da liegt man nicht eng.« Der Tod, das waren auch Ingenieure aus Erfurt. Meister ihres Faches. Meister aus Deutschland.

Auf den Friedhöfen liegen sie eng. Der jüdische Friedhof orientiert sich an dem, was Kohelet sagt in der Schrift: »Doch ein Mensch geht zu seinem ewigen Haus/und die Klagenden ziehen durch die Straßen.« (Koh 12,5). Manchmal war es auch nur der Mob, der sein »Hepp! Hepp!« auf der Straße brüllte. Den alten jüdischen Friedhof in Erfurt, den die Gemeinde 1811 anlegte, hat sie selbst geschlossen, er wurde zu eng. Denn ein Haus für die Ewigkeit soll das Grab sein, ein Haus bis zum Jüngsten Tag. Und deshalb werden die Gräber nie aufgegeben, nie wird ein Friedhof einem anderen Zweck unterworfen als den, ewiges Haus zu sein. Doch 1939 musste die Gemeinde den Friedhof der Stadt überlassen, 1944 wurden die Grabsteine abgeräumt. Später baute die DDR, die in Erfurt allerdings 1952 auch den einzigen Synagogen-Neubau des Landes ermöglichte, Garagen über die Gräber. Heute ist das, unterhalb des Eingangs zur EGA, in der Cyriakstraße, ein gepflegtes, eingezäuntes Stück Rasen mit einigen alten Grabsteinen. Hier haben sie Raum. Fanny Unger, die übrigen Steine sind nur hebräisch beschriftet, starb am 17. Februar 1832. Ein großer Stein erklärt den kaum bekannten Platz, aber er erklärt ihn nicht wirklich. Hier, heißt es, war der jüdische Friedhof bis 1952. Das mag formal stimmen, in dieser Zeit übernahm die Stadt das Grundstück von der Gemeinde, aber es stimmt nicht wirklich, es erklärt diesen Ort nicht wirklich. Denn er wurde geschändet durch die Nazis, er wurde entweiht durch die DDR.

Der Neue Friedhof, neben der Thüringenhalle, wird genutzt seit 1878. Er hat, warum auch immer, den Nationalsozialismus überlebt. Und er erzählt, neben vielen anderen Geschichten, auch die vom tragischen Irrtum der Juden. Der Eingang zur Leichenhalle wird flankiert von zwei Tafeln. »Für das Vaterland starben 1914–1918 ...« und dann folgen Namen, 29 Juden. Sie haben nicht erlebt, wie zwanzig Jahre später die Überlebenden starben durch dieses Vaterland. Max Werner Grünbaum ist einer von ihnen, ein großes, teures Grabmal, gutes, gehobenes Bürgertum. Er fiel am 22.10.1918. Adelheid Grünbaum, dem Alter nach seine Mutter, hat damals wohl um ihn geweint. Sie starb 1942/43 in der Deportation. Sie fand ihr Grab in den Lüften und niemand war, der ihr das Haus für die Ewigkeit schuf.

Die Steine des mittelalterlichen Friedhofs, der nicht mehr erkennbar ist, wurden in der ganzen Stadt verbaut, verstreut wie das Volk.

Manchmal scheint es, als läge ein verborgener Sinn darin, dass der Schatz des Kaufmanns Kalmar von Wiehe und die Synagoge, die ihn heute zeigt, verborgen blieb all die Jahrhunderte hindurch, bis das Wort Jude einen Klang hätte wie andere auch.

Hat es das?

Der Dreizehnte

Der Kuss des Judas gehört
zum kulturellen Gedächtnis der Menschheit.

Weihnachten wird nur ein Mensch geboren, die Geburt des Christentums aber geschieht zu Ostern. Und die Voraussetzung davon ist der Verrat des Judas. Kann aber, was beschlossen ist in Gottes Plan, tatsächlich die Inkarnation des Bösen sein? Ist der Kuss des Judas der, von dem es heißt: Diesen Kuss der ganzen Welt?

Am Abend vor seinem vorgewussten Tode lädt Jesus die Jünger zum jüdischen Pascha-Mahl. Dabei spricht er nicht nur die Einsetzungsworte, die das christliche Abendmahl begründen er sagt auch: »Amen, ich sage euch: Einer von euch wird mich verraten und ausliefern.« (Mat. 26, 21). Und als er betet im Garten Gethsemane, »... da kam Judas, einer der Zwölf, mit einer großen Schar von Männern, die mit Schwertern und Knüppeln bewaffnet waren; sie waren von den Hohepriestern und den Ältesten des Volkes geschickt worden. Der Verräter hatte mit ihnen ein Zeichen verabredet und gesagt: Der, den ich küssen werde, der ist es; nehmt ihn fest. Sogleich ging er auf Jesus zu und sagte: Sei gegrüßt, Rabbi! Und er küsste ihn.« (Mat. 26, 47–49). Dieser Kuss hat sich eingebrannt in das kulturelle Gedächtnis der Menschheit, die Metapher für den heimtückischen Verrat. Der Judaskuss und der Judaslohn sind redensartlich geworden, die Figur des Judas wurde auch in Dienst genommen für den verräterischen Juden als solchen, ein ethnischer und moralischer Archetyp.

Tatsächlich?

Ein jeder, der es wollte, konnte wissen, wie Jesus aussieht, er hatte in Jerusalem öffentlich gewirkt. Und mit Ausnahme vielleicht der letzten

Andacht im Garten Gethsemane hätte es auch keines Verräters bedurft, um den Aufenthalt des Mannes zu ermitteln, der in jenen Tagen eine bekannte Persönlichkeit in Jerusalem war. Und niemand hätte dann, einmal gefunden, auf ihn zeigen, ihn küssen müssen zum Zeichen, er sei es. Vieles spricht dafür, dass diese Grund-Szene des kulturellen Gedächtnisses, der Judas-Kuss, eine zweckdienliche Erfindung ist, wie überhaupt die Historizität des Judas als ungesichert gilt. Gewiss, auch Jesus Christus ist historisch ungesichert, doch gibt es kein Modell, das ohne ihn vernünftig scheint. Es fällt auf, dass das Neue Testament sich gegenüber Judas gleichsam sachlich verhält, es gibt wenig wahrnehmbare Polemik gegenüber dem Verräter. Lediglich des Evangelist Johannes erklärt ihm zum Dieb: »Er sagte das aber nicht, weil ihm die Armen am Herzen lagen, sondern weil er ein Dieb war und die Kasse hatte und das Eingelegte beiseite brachte.« (Joh. 12,6). Die Evangelien berichten einmütig, dass Jesus den Verrat und die Folgen bewusst annahm, denn die Kreuzigung war Teil von Gottes Plan und musste erlitten werden. »Was du tun willst, das tue bald«, sagt Jesus, der Christus zu Judas, dem Verräter (Joh. 13,27). Kann aber, was Teil des göttlichen, vorbestimmten Planes ist, Teil haben am Bösen? Kann, wer von Gott in Dienst genommen wird als ein Werkzeug, dafür haftbar gemacht werden?

Karl Barth, einer der bedeutendsten Theologen des 20. Jahrhunderts, nennt Judas eine einzigartig positive Figur, er erscheine wie eine planmäßige Figur mit einer planmäßigen Funktion. Es handele sich um eine notwendige Figur im Ganzen des evangelischen Berichtes. Und: Gott selbst hat im Handeln des Judas gehandelt. Eine mehr um realgeschichtliche Deutung bemühte Theorie meint, Judas sei enttäuscht, weil, anders als erhofft, Jesus nicht die politisch-militärische Befreiung Israels von den Römern anstrebte. Es ist diese unaufgelöste Spannung zwischen dem Bericht der Schrift und möglichen Interpretationen, die Judas, den Mann aus Iskariot, zu einer der interessantesten Figuren, als Persönlichkeit im gegenwärtigen Verständnis vielleicht zur interessantesten Gestalt des Neuen Testamentes überhaupt werden ließ.

Seit dem Jahr 2006 hat diese Debatte neue Nahrung erhalten. In diesem Jahr wurde das so genannte Evangelium des Judas veröffentlicht. Der Papyrus wurde bereits 1978 in der ägyptischen Wüste gefunden und blieb fast drei Jahrzehnte im Bermuda-Dreieck des internationalen Antiquitätenhandels verschollen. Das in koptischer Sprache verfasste Fragment liefert allerdings weniger neue Einsichten in Leben und Motive des Judas, dafür ist es ein Dokument frühkirchlicher Machtkämpfe.

Die Abschrift selbst stammt aus dem 4. Jahrhundert, der, nicht aufgefundene, Originaltext wird in das 2. Jahrhundert datiert. In dieser Zeit waren die Evangelien noch nicht kanonisiert, es gab noch kein verbindliches Denken über Gott. Das Evangelium des Judas, eine apokryphe Schrift wie andere, nicht kanonisierte Evangelien, war Teilnehmer am Wettbewerb um eine verbindliche Gottessicht. Und einer der Wettbewerber war die Gnosis. Das war eine Art religiöser Geheimlehre, der die materielle Welt als ein Übel galt, das auf einen negativen Schöpfergott zurückgeführt wird. Jenseits dieses nachgeordneten Gottes existiert eine oberste Gottheit. In der Konsequenz hielten viele Anhänger der Gnosis Jesus nicht für den Sohn des negativ belegten Schöpfergottes. Und davon berichtet dieses Evangelium. Hier lacht Jesus über die Naivität der Jünger und spricht von eurem Gott, der nicht sein Vater ist. Und in Namen dieses fremden Gottes versammeln sich die vielen Menschen, die ihr vor diesem Altar in die Irre führt. Nur Judas ist in dem Stande, die wahre Abkunft Jesu zu erkennen: »Du bist fähig, es zu erlangen, doch vorher wirst du viel leiden müssen. Denn ein anderer wird dich ersetzen, damit die zwölf Schüler wieder vollzählig werden vor ihrem Gott. Vor ihrem Gott, nicht: vor meinem Vater.« Und: »Du wirst der Dreizehnte werden und von den anderen Geschlechtern verflucht werden – und wirst zur Herrschaft über sie gelangen.« Das ist eine klare Absage an die in der frühen Kirche herrschende Gottesauffassung. Die Vertreter dieser Denkschule hießen, nach dem Brudermörder, Kainiten, da sie die negativen Gestalten der Schrift – Kain, Esau, Korah und eben Judas –, umdeuteten als Gesandte jener obersten Gottheit. Hätte dieses Evangelium je den Rang einer kanonischen Schrift erworben, dann gäbe es kein Christentum, denn das Denken dieses Evangeliums ist mit dem Neuen Testament nicht zu harmonisieren, dann gälten der Schöpfergott der Juden, der erlösende Gott der Christen als mephistophelische Gestalten niederer Ordnung.

Das Evangelium des Judas und die Gnosis, die es vertritt, haben diesen Machtkampf, man muss wohl sagen: zum Glück, verloren. Ob der Mensch Judas Iskariot, wenn er ihn denn je lebte, auch verloren hat, indem er womöglich ungerechtfertigt durch alle Zeiten hindurch als der Archetyp des Verräters dienen muss, das wird sich, sollte sich die gegenwärtige Quellenlage nicht ändern, wohl nie mehr feststellen lassen. Judas Iskariot hat sich, nach dem Zeugnis der Schrift, erhängt. Und er hatte wohl, so oder so, allen Grund dazu.

In einer Erfurter Schauküche: Ein Tag als Wurstmacher. (Foto: Marco Kneise)

7. Schatz, machst du mal bitte die Dose auf?

Henryk Goldberg über sein Lieblingsthema: Mann und Frau

Kleine Geschichte am Morgen

Das sind so Tage. Die Dame sollte mit einem fremden Kerl in den Wald, dienstlich, ich sollte dafür als fürsorglicher Hausmann die Anlieferung von 80 Umzugskisten überwachen. Toll, irgendwie muss da was schief gelaufen sein, dachte ich vor dem Einschlafen.

Und so erwachte ich gestern. Es war 6 Uhr morgens und es war ziemlich laut, eine Männerstimme. Nicht betrunken, aber ziemlich wütend. Ich schlich mich zum Fenster, konnte ja sein, da geschieht Böses mit einer Frau.

So war es auch, aber anders. Der Lärm kam nicht von der Straße, es musste ein Haus in der Nähe sein. Jetzt, am Fenster, verstand ich auch den Mann, jedenfalls akustisch.

»Du hast mir den Tag verdorben! Ich brauche auch meine Arbeit!« Und in einer Lautstärke, die mühelos aus dem Haus auf die Straße drang. »Ich ziehe aus!«, erwiderte sie leiser, aber immer noch vernehmlich. »Dann lass den Schlüssel gleich hier, das Haus gehört mir!« kam es zurück, nun wieder deutlich lauter.

Dann sah ich die Frau aus dem Haus treten und es wurde wieder ruhig.

Wie mag sie nach Hause gekommen sein, wie mag er sie empfangen haben, gestern Abend?

Ich kenne nicht den Anfang dieser wahren Geschichte noch ihr Ende. Ich wünsche den beiden, dass es ein gutes Ende sein möge, was immer das für sie bedeutet.

Und dachte, ich habe wohl doch Glück gehabt. Selbst wenn sie in den Wald durfte und ich das Haus hüten musste.

Das Ding
mit der Dose

Er geht! Er funktioniert!! Er tut es!!! Der neue Büchsenöffner. Er öffnet tatsächlich Büchsen. Eigentlich wohl Dosen, vielleicht heißt es ja auch Dosenöffner. Tatsächlich aber heißt er »Ökonom«. Etwa so alt wie ich. Und diesen Dosenöffner der Marke »Ökonom« hat mir Frau Sch. aus Erfurt geschickt. Liebe, gute Frau Sch., mein Dankesbrief wird Sie wohl morgen erreichen, aber bis dahin wollte ich nicht warten.

Denn diese wunderbare Frau hat mich von diesem immer wiederkehrenden Leid in der Küche befreit, denn, so schrieb sie verständnisvoll auf meinen Hilferuf »Ihr Leid rührt mich.« Das Leid, das eigentlich eine Peinlichkeit ist, geschah immer dann, wenn die Dame so zuckersüß sagte: »Schatz, machst du mal bitte die Dose auf?«

Aber ich konnte es nicht. Nicht mit diesen neumodischen Dingern. Am Ende nahm ich meist ein großes Messer und sie fragte dann immer so lustig, ob wir denn einen Sanikasten im Hause hätten. Aber ab jetzt habe ich immer einen sehr souveränen Auftritt in der Küche, eine erstklassige Performance.

Warum ich das hier schreibe? Weil ich vermeiden möchte, dass ein cleverer Kollege diese meine Bestechlichkeit veröffentlichen will und ich Gefahr laufe, ihn um Unterlassung zu bitten. Deshalb gehe ich hier in die Offensive und warte nicht, bis die *TLZ* es weiß. Denn die Informationsfreiheit ist auch für mich ein hohes Gut.

Eine Rache,
eiskalt serviert

»Bist du sicher«, so fragte die Dame, »dass das jetzt wirklich das Wichtigste ist?« Fragte es in einem Ton, der aber so was von keine Frage war.

Dabei, ich hatte nur die Schale für die Eiswürfel mit Wasser aufgefüllt. Ich sah voraus, dass ich in zwei, drei Stunden ein verstärktes Bedürfnis nach Kaltgetränken verspüren würde. Ein Mann denkt eben strategisch, das versteht eine Frau nicht.

Na schön, wir waren gerade umgezogen. Genauer, wir waren noch dabei. Die freundlichen Möbelträger, fleißige Menschen, brachten Karton um Karton, Möbel um Möbel. Ihr Lkw war halb leer, unsere Wohnung halb voll. Und die Eisschale war ganz leer.

Irgendwie hatte ich das dumpfe Gefühl, als hätte sie nicht vollkommen unrecht. Ich packte also die Eisschale weg und widmete mich anderen wichtigen Aufgaben. Ein neutraler Beobachter hätte meine Reaktion womöglich »kleinlaut« genannt.

Wenige Situationen sind blöder für einen Mann als das ungute Gefühl, seine Frau könnte in einer nicht vollkommen harmonischen Situation Recht haben und er täte gut dran, die Klappe zu halten. Das macht nicht wirklich Spaß und schreit nach Rache.

Diese Kolumne ist die Rache. Denn am Abend ließ die Dame fröhlich wissen, das Ding mit den Eiswürfeln sei ihre Lieblingsgeschichte vom Umzug und sie würde sie lustvoll als erste in der Zeitung erzählen und sie freue sich sehr darauf.

Doch wir *TA*-Redakteure führen einen harten Konkurrenzkampf um die spannendsten Geschichten.

Sorry, Schatz.

Hallo!!
Hören Sie?

Hallo? Ist da jemand? Hört mich jemand?

Es ist so merkwürdig still. Und ich frage mich, während ich hier schreibe, ob das nicht der sinnloseste aller sinnlosen Artikel ist. Kann ja sein, diese Zeitung wird vom kosmischen Wind über einen unbewohnten Planeten getrieben, der wiederum durch den unbewohnten Weltraum treibt.

Kann ja sein, die Mayas haben Recht gehabt. Kann ja sein, hier ist niemand mehr. Kann ja sein, niemand hat überlebt, bis auf Erich von Däniken, dem haben seine Freunde vielleicht Exil im bewohnten Weltraum gegeben. Da sitzt er nun und grinst, schließlich er hat Recht gehabt. Blöd nur, das weiß keiner mehr.

Na ja, mit noch einer Ausnahme vielleicht. Nämlich, eine mir sowohl bekannte als auch nahe Dame findet den nämlich toll, und außerdem hat sie einen Mayakalender mit in den gemeinsamen Hausstand gebracht. Und vielleicht hat Erich sie aus Dankbarkeit mitgenommen zu seinen Freunden da oben. Da sitzt sie nun als lustige Witwe und freut sich. Und das würde mich wirklich sehr, sehr unwirsch machen.

Aber zum Glück muss ich das, wenn es heute passiert sein sollte, nicht mehr erleben.

Aber vielleicht ist es ja ganz anders gekommen. Vielleicht ist die Welt ja untergegangen, nur unsere Welt, also Thüringen, nicht. Vielleicht schwimmt ja Australien kopfunter auf dem Meer. Schauen Sie doch sicherheitshalber mal weiter hinten nach, die Seite heißt »Aus aller Welt«.

Und falls wider Erwarten alles normal geblieben ist: einen schönen Montag.

Feuchte Gebiete

Nein, ich werde wohl wieder keine Blumen gekauft haben. Daran kann man deutlich erkennen, dass ich mich durch das Regime nicht habe beeinflussen lassen. Anders als viele unserer Frauen und Mädchen. Vor allem diese, die ganz jungen Mädchen, wurden ideologisch und moralisch manipuliert. Deshalb neigen in der DDR geborene Mädchen wie der Magdeburger Gynäkologe und Hobby-Soziologe Wolfgang Böhmer kürzlich darlegte, dazu, heute als erwachsene Frauen ihre Kinder umzubringen. Der Autor vermag aus eigenem, leidvollem Erleben zu bestätigen, wie brutal, wie verroht unsere Frauen und Mädchen waren.

Der 8. März war so etwas wie Vatertag für Frauen. Eines schlimmen Märztages, das Theater Erfurt war auf Abstecher in Arnstadt, muss irgendwie der Bus ausgefallen sein, mit dem sie uns Kulissenschieber wieder nach Hause fuhren, wenn die Kulissen abgebaut waren. Und irgendwie müssen sie dann diesen anderen Bus aufgetrieben haben, der uns mitnahm. Darinnen befanden sich fröhliche Bürgerinnen, rückkehrend von der Frauentagsfeier, bei welcher Gelegenheit der BGLer wohl den einen oder anderen Eierlikör ausgereicht haben musste. Ich trug, wir kamen von der Arbeit, eine Fellweste über dem Unterhemd und Jeans mit Löchern. Hallo Kleiner begrüßten die Damen mich, 18, 19 Jahre alt, launig und begannen, meine Verwertbarkeit zu diskutieren, nicht ohne mich gelegentlich um Bestätigung oder Verneinung ihrer heiter angestellten Vermutungen zu bitten. Vielleicht habe ich auch deshalb noch nie einem Mädchen hinterher gepfiffen, weil ich seit dieser Busfahrt ahne, wie es sich anhört. Auch ahne ich, dass die Töchter dieser brutalen Frauen-Generation beinahe zwangsläufig zu Kindsmörderinnen werden müssen. Vielleicht aber gibt es einen therapeutischen Ansatz, vielleicht vermag fremdes Leid unsere Frauen und Mädchen zu sensibilisieren. Vielleicht, dass Sie liebe Frauen und Mädchen, heute einmal erfahren sollten, was sie sich nie zu fragen trauten. Alle sprechen über die Feuchtgebiete von Charlotte Roche, aber niemand über die des Mannes. Das Jungs-Klo.

Wenn Frauen gezwungen wären, diesen Ort auf diese Weise zu benutzen, dann würden sie aufhören, wegen diesem klitzekleinen Problemchen, dass sie einmal im Monat für ein paar Jahre haben, so ein Gedöns zu machen. Unsereins hat ein tägliches Problem und das ein Leben lang, und es wird, am Rande zu erwähnen, nicht leichter mit den Jahren. Zur Vermeidung dieses Problems sind die längeren Wartezeiten, etwa in der Theater-Pause, ein geringer Preis.

Es ist nämlich, unter uns Frauen gesagt, ein Erlebnis von sehr eingeschränktem Unterhaltungswert, neben einem urinierenden Mann zu stehen. Links, rechts. Und angestrengt die Wand anschauen und denken: Ich bin das gar nicht, das ist nur mein Körper, mein Astralleib hingegen schwebt irgendwo in esoterischen Fernen. Derweil bleibt die urologische Nähe. Und die des Nachbarn. Irgendeiner der benachbarten Benutzer verspürt häufig noch einen anderen Drang, den, sich mitzuteilen. Schöner als hier ist es nur beim Arzt, wenn die Patienten ihre frische Urinprobe durch das Spalier der wartenden Damen und Herren tragen. Aber die Herrentoilette, das ist der tägliche Horror. Wenn ich mich traute, dann hinge ich mir ein Schild um den Hals oder worum auch immer: Bitte nicht stören, ich pinkele gerade. Aber ich trau mich nicht, ich antworte.

Vielleicht, das war der aristotelisch-kathartische Gedanke, dass es zur Sensibilisierung unserer im Osten verrohten Frauen und Mädchen beitrüge, wenn diese zwangsverpflichtet würden zu einer Führung durch eine in Benutzung befindliche Herrentoilette. Aber nicht am Frauentag.

Fit for Fun

Die Lage war verzweifelt. Seit Wochen schon versuchten wir, diese Sache in Ordnung zu bringen. Natürlich, ein Mann muss tun, was ein Mann tun muss. Aber was muss er? Die Welt retten, die einohrige Waldfledermaus oder die Thüringer Theater. Alles sowas. Aber so was?

Aber Abwaschen?

Es ist nämlich so, dass sich in meiner Redaktionsstube jener Tisch befindet, darauf die Kollegen Kulturredakteure all das entsorgen, was sie in ihren Räumen für entbehrlich halten: leere Keksdosen, zwei Geräte zur Herstellung heißer Getränke, alte Tassen, darin die schwarze Kruste wuchert, leere Teller, gerne mit Resten festgebackener Sahne. Alles so was. Nun bin ich ein sehr ausdauernder Mensch. Nun kann ich schon was aushalten. Ich kann dem Verein zur Pflege der deutschen Marmelade ausdauernd den Rücken kehren und dem Verein Deutsche Sprache auch, dem besonders. Warum also nicht auch diesen Tisch. Wochenlang.

Aber irgendwann verliert immer irgendjemand die Nerven. Lilo ist nicht mehr da, Frauke war im Urlaub und murmelte, ehe sie abreiste, etwas, wovon nur Wortfetzen an mein Ohr drangen: Macho, Dreck, selber machen. Solche Sachen. Eines Tages, als wir uns gemütlich zusammensetzen wollten, um den nächsten journalistischen Kracher zu besprechen, da stellten wir, mit Befremden, fest: Das Geschirr im Schrank ist alle. Es steht alles auf dem Tisch. Das war der Moment, da Herr Sch., sonst ein Mann von gelassener Besonnenheit, die Nerven verlor. Wir waschen ab. Da Herr Sch. mein disziplinarischer Vorgesetzter ist was ich hier nicht weiter erörtern möchte, und mich also jederzeit mit einer Recherche außer der Reihe kujonieren kann, war ein rationales Argumentieren – Warten, bis Frauke wiederkommt, Warten bis Weihnachten ist – nicht mehr möglich.

Herr Sch., ein Mann mit einigem Organisationsvermögen, brachte, kaum, dass eine Woche verstrichen war, von zu Hause einen Korb mit, so einen grünen zum Zusammenklappen, sowie eine Flasche Fit. Fit for fun. Er wusste nicht, was ich einmal durch einen lustigen Zufall entdeckt hatte, dass es nämlich dieses komische Zeug auch hier in der Redaktion gibt. Also, wir schritten zur Tat sowie den Gang hinab. Wir wussten, wo die Abwaschküche ist, wir hatten das vor sechs oder sieben Jahren schon einmal durchgezogen, es gibt ein Foto davon. Ich trug den Korb mit dem Geschirr, der Vorgesetzte die Flasche Fit sowie das Handtuch. Würdevoll schritten wir den Gang hinab, doch kein Schwein begegnete uns. Ich fand das sehr bedauerlich, denn, wie Herr Sch. zutreffend anmerkte: Das glaubt uns keine Sau.

Und dann, in der Abwaschküche, machte ich die beglückende Erfahrung, wie das gemeinsame Durchleben existenzieller Erfahrungen die Menschen einander näher bringt, wie in Grenzbereichen die Regeln der Subordination wie selbstverständlich aufgehoben sind.

Denn ich durfte abwaschen. Im Normalfall ist das eine glasklare Angelegenheit, das habe ich so gelernt bei meiner Frau Mutter und bei meiner Frau. Der Inhaber der Befehlsgewalt wäscht das Geschirr, der Subalterne trocknet es. Doch Herr Sch., ein grundgütiger Mensch, tat, als wüsste er das nicht, um mir diese schwere Stunde zu erleichtern. Aus Respekt vor dieser menschlichen Größe lachte ich nicht, als er das Weinglas zerbrach.

Natürlich hat mich dieser Vorgang körperlich und mental sehr mitgenommen. Sie werden es begreiflich finden, dass ich nun vier Wochen strenge Erholung benötige. Oder, um den wunderbarsten Buchanfang von Christa Wolf zu borgen: Mit der Erzählung geh ich in die Kur.

Flex ist der Mann

»Außer dir«, sagte die Dame, »kennt das jeder Mann«. Das was außer mir angeblich jeder Mann kennen sollte, das war die so genannte Flex. Sie ist diesem Ding wohl in einem früheren Leben begegnet. Ich war zunächst sehr betroffen. Ich meine, welcher Mann will schließlich etwas nicht kennen, was außer ihm jeder Mann kennt. Das war, sozusagen, ein natürlicher Reflex auf die Flex. Also machte ich, was Journalisten immer machen, wenn sie nichts wissen: eine Umfrage. Im Großraum. Axel E., ein Chef vom Dienst, wusste, das sei so eine Schleifscheibe. Na gut, ein Chef muss eben alles wissen. Eberhard W., ein Umbruchredakteur, entgegnete ohne nachzudenken, es handele sich um eine Schleifscheibe, mit der man … Na gut, der Mann hat schließlich viel mit Technik zu tun. Aber Christian F., ein sensibler junger Mann, Politikredakteur. »Flex? Das ist so eine Schleifscheibe und …« Schon gut. Der Mann schreibt auch über die Bundeswehr und Armee und Schleifen, das ist ein Paar aus Tradition. Aber jetzt. Ingo G., zuständig für Unterhaltung im Allgemeinen und Leserbriefe im Besonderen, ein wirklich netter Kollege. Er enttäuscht mich nicht, jedenfalls nicht ganz. »Weil ich dich so gut leiden kann …«, sagt er und grinst fröhlich. Sie kennen das Ding wirklich alle. Mal ehrlich, Sie haben es auch gewusst, stimmt's? Und, hat es Sie weitergebracht?

Ich habe recherchiert. Es handelt sich um einen so genannten Winkel- oder Trennschleifer, und er heißt Flex so wie alle Flüssigwürze Maggi heißt. Falls Sie es nicht wissen, Sie Schlaumeier: Die Flex wurde 1954 von der Firma Ackermann + Schmitt aus Steinheim an der Murr entwickelt.

Experten raten zu einem speziellen Dresscode beim Verwenden einer Flex. Eine Schutzbrille wird empfohlen sowie »schwer entflammbare Baumwollkleidung«. Unter bestimmten Umständen seien »Sicherheitsschuhe sinnvoll«, im Übrigen sei »bei längeren Arbeiten das Tragen eines Gehörschutzes notwendig«.

Ich bitte Sie. Warum, zum Teufel sollte ich zu Hause schwer entflammbare Baumwollkleidung tragen? Ich meine, ich werde auch so
schon hinreichend sowie freundlich auf vermeintliche modische Defi-
zite verwiesen. Dieser Tage erst wurde ein Anzug als überständig charak-
terisiert – und das vor einem Wochenende mit 8 (acht) Stunden Oper!
Und ich bezweifle, ob schwer entflammbare Baumwollkleidung wirklich
sexy ist. Mit den Sicherheitsschuhen wird es sich wohl ähnlich verhalten,
unlängst wurde ein Paar wunderschöner noch lang haltbarer Halbschuhe
auf die Ausrottungsliste gesetzt. Und auf die Technik fürs Ohr, darauf
freue ich mich schon so wie auf das Gebiss, ich bin gespannt, was zuerst
kommt. Aber ich muss es nicht auch noch beschleunigen.

Also, was sollte ein vernünftiger Mann für Gründe haben, sich so eine
doofe Flex ins Haus zu holen.

Im Übrigen, ich beabsichtige nicht Schweißnähte zu bearbeiten, weil
ich zu schweißen durchaus die Absicht nicht hege. Auch habe ich weder
Metall zu trennen, noch Naturstein, Beton oder Keramik. Es reicht schon
die seit Anfang des Jahres verordnete Trennung von Kohlehydraten und
Eiweiß. Für alles Übrige gibt es professionelle Flexer, die ich auch bezahlen kann, weil ich, um die kürzlich gestellte Frage eines erstaunten Lesers
zu beantworten, weil ich also für diesen Kram hier tatsächlich auch noch
Geld bekomme. Hätten Sie auch nicht gedacht, stimmt's?

Und ohne die Flex bin ich in der Freizeit auch viel flexibler. Zum Beispiel kann ich durch Baumärkte bummeln, die Flexe dort anschauen und
lächelnd weitergehen. Beim so genannten Herrenausstatter gewährt die
Dame mir diese Freiheit nicht. Was wohl heißt, dass die Bedeutung der
Flex für tragende Bereiche des Lebens überschätzt wird.

Quot erat demonstrandum.

Lesung im Erfurter Ratsgymnasium: für einen Thüringer mit den eingeboren dumpfen Vokalen nicht nur ein Vergnügen. (Foto: Marco Kneise)

8. Goethe hatte keinen Duden

Henryk Goldbergs Allerlei: Rechtschreibung, Behörden und Moral und Was-sonst-noch

Da ziemlich tiv gesunken

Ich sag's ungern, aber es ist nun mal so. Liebe Frau M. aus Erfurt, Ihr Erstaunen, Ihr Erschrecken haben mich erreicht. Der Kollege am Lesertelefon hat Ihnen vermutlich versprochen, mich von Ihrem Anruf zu unterrichten, und er hat sein Versprechen gehalten.

Doch, ich war das wirklich selbst, liebe Frau M. Ja, viermal den Akkusativ genommen, wo der Dativ sich wohler gefühlt hätte. Der Kollege O., nicht hier im Hause beschäftigt, tat ein Übriges und schickte mir mit einer sehr strengen Mail gleich alle vier Sätze, in denen dieses Defizit sich zeigte, gut gegliedert mit einem dicken Punkt am Beginn jeder anklagenden Zeile.

Ja, den gleichen Fehler vierfach begangen, da kann wohl von Flüchtigkeit, von Versehen keine Rede mehr sein. Es kann sich nur um Vorsatz oder Dummheit handeln. Vorsatz war es nicht.

Manche können nicht rechnen, manche können nicht schreiben. Ich kann den Dativ nicht vom Akkusativ unterscheiden. Das heißt, theoretisch schon, ich kenne auch die korrekten Fragen, die wiederum zum korrekten Kasus führen. Aber ich stelle sie nicht, und das falsche »n« schreit mich nicht an. Ich weiß nicht, wieso das so ist, ich weiß nur, dass es so ist.

Und es passierte ausgerechnet in einem Beitrag über Goethe und Christiane. Gut, Rechtschreibung und Grammatik war nicht das prägende Thema zwischen den beiden, und Christianes Briefe sind auch in dieser Hinsicht sehr, nun ja: entspannt. Die konnten allerdings auch gut entspannt sein, die hatten keinen Duden und keine verbindlichen Konventionen, wie zu schreiben sei. Heute haben wir Regeln und, das ist das Blöde, es gibt sogar Leser, die sie kennen.

Liebe Frau M., lassen Sie es uns doch bitte dennoch weiter miteinander versuchen. Und vielleicht gelingt es einmal einem Wissenschaftler, dieses Grammatik-Gen bei mir zu isolieren. Und Sie können sagen, Sie sind dabei gewesen.

Selbstauskunft einer Behörde

Doch, sie nehmen den Bürger schon ernst. Und sein Recht auf Information. Nur, dass sie ihn manchmal auf, sagen wir: etwas unorthodoxe Weise informieren.

Mit dieser Anzeige zum Beispiel, die fand ich dieser Tage in dieser Zeitung. Aufgegeben vom Amtsgericht Erfurt und, wie ich im Interesse dieses Unternehmens hoffe, wohl auch bezahlt.

Es geht um Geld. Jemand ist gestorben und die Erben konnten nicht ermittelt werden. Deshalb werden »Alle Personen, denen Erbrechte am Nachlass zustehen … aufgefordert, diese Rechte binnen 6 Wochen ab Veröffentlichung bei dem Amtsgericht Erfurt anzumelden. Anderenfalls wird gemäß § 1964 BGB festgestellt, dass ein anderer Erbe als der thüringische Staat nicht vorhanden ist.«

Mein Gott, in Großbritannien hat ein Lottospieler Millionen verloren, weil er seinen Gewinn nicht abgeholt hat. Und wenn nun ein Erbe zufällig nicht Leser dieser Zeitung ist, dann hat er sein Erbe an den Freistaat Thüringen verloren, der so seinen Haushalt saniert.

Aber vielleicht liest er ja doch die Zeitung und liest auch diese Anzeige bis zum bittersüßen Ende:

»Der Nachlasswert beträgt ca. 0,00 EUR.«

Wir bieten dem Amtsgericht eine Art Motto an, mit dem sich solche Anzeigen schmücken ließen, es ist von Richard Wagner überliefert: »Deutsch sein heißt, eine Sache um ihrer selbst willen tun«.

Moral ist wandelbar

Moral ist Verhandlungssache. Das ist nicht zynisch, das ist wahr in einem zweifachen Sinne. Und einmal sogar im Sinne des Wortes.

Denn in Straßburg hat der Europäische Gerichtshof für Menschenrechte über Moral verhandelt. Über die Frage nämlich, ob Beischlaf zwischen Geschwistern strafbar ist. Und die Richter bestätigten mit ihrem Votum ein Urteil des Bundesverfassungsgerichtes. Ja, es bliebe dem Gesetzgeber überlassen, einvernehmlichen Beischlaf von Geschwistern mit Strafe zu bedrohen.

Dieses Urteil wird keinen Bestand haben, in 10, 20, 30 Jahren wird man das anders sehen. Man wird sagen, was man auch jetzt schon sagen müsste: Was erwachsene Menschen miteinander einvernehmlich tun, das geht den Staat nichts an. So wie die männliche Homosexualität nicht mehr justiziabel ist, so wird es auch die Geschwisterliebe nicht mehr sein.

Denn es gibt kein wirkliches Argument gegen diese Liebe. Der Schutz des Erbgutes, die Angst vor behinderten Kindern kann gerade in Deutschland kein Grund sein. In keinem anderen Zusammenhang wird die Verhinderung eines eventuell behinderten Kindes als zwingendes Argument anerkannt.

Was bleibt ist die Konvention, der Konsens, es gehöre sich nicht. So wie es sich nicht gehörte, dass Männer miteinander schlafen, dass gleichgeschlechtliche Partner heiraten.

Gesetze sind so etwas wie die institutionalisierte Moral einer Gesellschaft. Und diese Moral ist wandelbar im Laufe der Zeit. Nur, dass die Inzestpaare, anders als Schwule und Lesben, keine Lobby haben. Deshalb müssen sie warten, bis der moralische Staub verfliegt müssen sich ducken mit ihrer Liebe. Und die sollte doch ein Menschenrecht sein.

Komplexes Denken

Es ging einfach nicht. Es kam nichts raus. Aus dem Drucker. Nicht das poplige kleine Ding zu Hause. Nein, wir haben hier oben einen wunderbaren Wunderdrucker. Den benutzen alle Kollegen hier im Großraum. Zum Beispiel, wenn wir voller Vorfreude auf die Zeitung des kommenden Tages eine komplette Seite ausdrucken, was natürlich ein unverdientes Privileg ist. Schließlich, der liebe Leser muss sich auch gedulden bis zum nächsten Morgen, ehe er mit der allergrößten Erwartung zum Briefkasten rennt. Also, da kommen die Seiten raus, in bunt und groß. Und wenn es sich um Beiträge von mir handelt, dann manchmal sogar in 3D (3 Dativfehler pro Artikel).

Aber da kam nichts raus. Er tat es nicht. Ich drückte hier eine Taste, ich korrigierte da eine Einstellung, aber es ging nicht. Komplexe Gerätschaften haben so ihre Sensibilität wie komplexe Menschen, also Männer.

»Männer und Technik«, sagte Frau H. und lachte herzlich. Dabei, mir war nur die Kaffeetasse umgefallen, weil ich noch einige Sekunden wartete, und ich hatte, gegen die Gewohnheit, noch nicht einmal gekleckert. Wir haben hier oben nämlich nicht nur einen wunderbaren Drucker, wir haben auch einen wunderbarer Kaffeeautomaten. Der frischt nicht nur, gegen Barzahlung, von Zeit zu Zeit den Geist auf, der hat auch den Zeitgeist in sich. Denn sie haben da einen Trick eingebaut. Das Wechselgeld fällt nämlich erst einige Sekunden, nachdem der letzte Tropfen die Tasse erreichte, in den Schacht. Was wir natürlich erst einige Tage nach dem Umzug begriffen. Was wiederum bedeutete, dass so mancher so manche Münze liegen ließ. Mitunter bewirkte das wohl eine Art gerechte Umverteilung von Vermögenswerten. Wenn nämlich der folgende Kaffeekäufer ein Volontär war oder ein recht junger Kollege. Die müssen bekanntlich mehr arbeiten und erhalten zum Ausgleich weniger Geld. Wenn also einer von ihnen meinen Euro fand, dann lag darin eine Art von ausgleichender Gerechtigkeit. Was ich als ein Mensch mit außerordentlich hohen moralischen Maßstäben selbstverständlich in Ordnung fand.

Aber nicht schön. Irgendwie hätte man sein Geld schon ganz gern selbst in der Hand. Außerdem konnte es gut sein, der nachfolgende Kaffeekonsument war ein Leitungsmensch und die muss unsereiner ja nun wirklich nicht sponsern. Zumal, man konnte sich so noch nicht mal einschleimen, die wussten ja nicht, von wem das Geld kam. Und wenn doch, dann hätten sie, als Menschen mit noch außerordentlicheren moralischen Maßstäben, ein schlechtes Gewissen.

Kurz und gut, jetzt stürzt niemand mehr davon, sobald die Tasse gefüllt ist, um hektisch wieder an den Arbeitsplatz zu eilen. Die Zeitung wird trotzdem voll. Jetzt warten wir, um zu sehen, ob vielleicht eine Münze herausfällt. Denn da Journalisten ein ganz, ganz schlechtes Gedächtnis haben – deshalb vergessen wir auch manchmal, was wir vor zwei Monaten oder zwei Jahrzehnten dachten – weil das also so ist, wissen wir auch nicht mehr so genau, ob wir 50 Cent oder zwei Euro eingeworfen haben. Wir warten also, ob noch was kommt. Und erfüllen so eine Forderung, die Psychologen, Zeitgeistwissenschaftler, Phlegmatiker und andere wichtige Persönlichkeiten immer wieder stellen: Entschleunigung. Selbstfindung. Das ist Hygiene für die Seele, das ist Depressionsvorsorge für sensible Menschen. Deshalb stand ich etwas länger am Automaten. Aber so etwas begreift eine Frau nicht. Da guckt sie dann eben so lustig und lacht.

Übrigens auch das mit dem Drucker war so ein Ding. Da kam nämlich Frau Sch., die Archivchefin, und ging das Problem mit einer Brutalität an, die einem sensiblen und komplex denkenden Mann fremd ist: Sie schaltete den Drucker ein.

Auf der Documenta in Kassel: Goldberg mit Gattin und dem Weimarer Thomas Thieme. (Foto: Marco Kneise)

9. Beide Schädel
sind von Schiller

**Henryk Goldberg über seine Lieblingsstadt,
nachdem er Berlin verlassen hatte: Weimar**

Es geschah in der Fürstengruft

Eigentlich ging das gar nicht. Schließlich ist Weimar nicht nur die europäische, sondern sogar die Thüringer Kulturhauptstadt. Erfurt hat die Macht und Weimar den Geist, das macht keine Freunde: Die einen wollen auch Geist, die anderen auch Macht. So wurde das glatte Parkett zwischen den beiden, sagen wir: unbefreundeten Nachbarn immer mal zum Tatort mancher Unerfreulichkeit.

Und nun hatte Erfurt doch tatsächlich den Zuschlag für den einzigen Thüringer »Tatort« bekommen.

Aber jetzt schlagen sie zurück: Auch Weimar wird zum Tatort. Mit der prominenteren Besetzung, mit der besseren Sendezeit.

Was werden sie ermitteln in der kleinen Stadt? Irgendeine Intrige ist dort immer am Laufen, allerdings führte das bislang nicht zum Einsatz einer Mordkommission.

Vielleicht, dass die beiden Kriminalisten einen großen Betrug aufdecken: Schillers Schädel ist gar nicht Schillers Schädel und ein Verantwortlicher für das Aufdecken des Irrtums wird ermordet – die Spur führt zu einer Extremistengruppe Weimarer Kulturbürger. Oder: Schillers Schädel liegt in einem Erfurter Tresor. Und geklaut hat ihn ein vormaliger Chef des Verfassungsschutzes, um mit dem Erlös ein paar V-Leute bezahlen zu können. Der Rest stand in der Zeitung.

Oder, das wäre das Beste: Schillers Schädel ist doch Schillers Schädel, es war ein Sabotageakt der Tourismus-Mafia aus Marbach. Die allerschönste Lösung hatte allerdings Hellmut Seemann: Beide Schädel im Sarg sind von Schiller. Das Rechercheteam dieser Kolumne bleibt dran.

Sommer in Weimar

*Ein Sommertag in Weimar: Die Führungen erzählen über
die Selbstwahrnehmung der schönen, schwierigen Stadt.*

»Meine vorletzte Baustelle war Schwäbisch-Hall.«. Das ist nicht der
Fuchs mit der blauen Hose, der da spricht. Es ist ein Mann mit einer
weißen Latzhose und Farbflecken. »Ich darf auf keine Leiter mehr«,
erzählt er dem Mann, der am Kiosk den Kaffee verkauft, »keine Mauer
hoch, nichts, was höher ist als 50 Zentimeter. Aber ich mach's trotzdem,
was soll ich machen.«

Der Marktplatz zu Weimar, halb zehn am Morgen. Die Sonne
scheint, die Menschen kommen und ich warte auf die Führung, die um
zehn beginnt.

Weimar ist vermutlich die Stadt mit dem höchsten Führer-Aufkom-
men pro Kopf. Vom Kommen des einen Führers in ihre Stadt und dessen Folgen, man kann sie auf dem nahen Ettersberg noch sehen, reden
sie nicht so furchtbar gern. Sie reden lieber von den schönen Dingen
ihrer Stadt. Und davon haben sie ja wirklich reichlich.

Zu den nicht ganz so schönen Dingen gehören die beiden Brat-
wurstbuden. »Die Leckerste nur hier!«, wirbt die eine selbstbewusst und
sie haben ein dickes fettes Exemplar auf die große Fläche gemalt. Und
bestätigen so die These, dass die visuelle Qualität einer Bratwurst im
umgekehrten Verhältnis zu ihrer kulturhistorischen Bedeutung steht.
Die Konkurrenz hat das Thüringer Grundnahrungsmittel als überle-
bensgroße Skulptur auf dem Dach. Das sieht auch nicht gut aus, aber es
scheint besser zu wirken: Sie haben die längere Schlange.

Aber jetzt schlägt es zehn vom Rathaus. Nein, es schlägt nicht, es
spielt. Sie spielen. 35 Porzellanglocken werde ich am Ende des Tages

gelernt haben. Liebliches Geläute denke ich und schelte mich sofort für diesen provozierenden Vers. Denn hier huldigt man nur einem Gott – und der war dem Heine nicht gewogen. Am Goethe hängt, zum Goethe drängt doch alles. Wir Armen?

Das Besichtigungskollektiv, das sich nun vor der Tourist-Information versammelt, wäre wohl nicht hier ohne Goethe. Das ist nun einmal die Stadt der toten Dichter und was sie statt der toten Dichter noch zu bieten hat, das ist auch schön, aber es ist nicht das, was Menschen mehrheitlich nach Weimar bringt.

Unsere Führerin trägt einen hellen Strohhut und die männlichen Mitglieder der Stadtwandergruppe etwa zur Hälfte kurze Hosen. Es gibt eben Phänomene, die sich einer rationalen Erklärung entziehen. Keiner kontrolliert, ob wir wirklich alle die Karten gekauft haben, aber da das keiner vorher weiß, ist es egal. Außerdem, wir sind auf Bildungsreise, da bescheißt man nicht.

Liebe Gäste, sie freue sich sehr, und gibt das Programm bekannt. Das Nietzsche-Haus, sagt sie, sei leider zu abgelegen. Das trifft sich, eine geistige Umnachtung, eine Schwester, die Hitler den Hof machte, das ist nicht so schön.

Hitler war auch hier, im »Elephant«, das ist wohl zusammen mit dem allgemeinen Verweis auf das Gauforum, die erste und letzte Erwähnung des Nationalsozialismus. Nur, wenn es gar nicht anders geht. Lotte in Weimar ist schöner.

Wir gehen weiter. Bach, Carl August, Charlotte von Stein. Kein Wort, dass dieses Haus in der Stadt ein Stein des Anstoßes ist, weil es unüberlegt an einen spanischen Investor verkauft wurde. Aber die Brücke, an der Goethe zum ersten Mal Christiane traf, die ist schön. Dass die Stadt dem berühmten Mann die Schlampe sehr übel nahm, das ist wohl wieder nicht so schön.

»Der hat ja viel gesagt«, sagt eine Frau zu ihrem Mann, »da muss er auch mal Recht haben.«

Weiter zu Liszt, der »tief enttäuscht« war, weil sie die von ihm in die Stadt gebrachte Musik nicht wollten. Sie wollten auch die Frau nicht, die er in die Stadt gebracht hatte, aber das ist wohl auch nicht so schön. So wie das Bauhaus, das hier gegründet wurde und dann irgendwie nach Dessau kam.

»Tradition«, lese ich da, »heißt, die Glut schüren, nicht in der Asche stochern«.

Aber vielleicht haben sie ja auch Recht? Vielleicht will, wer nach Weimar kommt, dieses ganzes Zeug gar nicht hören? Vielleicht steht diese Erklärerin, die ihren Job ja ordentlich macht, insofern sie informiert und freundlich ist, für das mehrheitliche Selbstverständnis der Stadt?

Und vielleicht ist das ein Problem der Stadt.

Auf dem Historischen Friedhof, an der Fürstengruft, sagt sie den Gästen, da unten seien auch »die beiden Eichensärge Goethes und Schillers«. Das ist richtig, im Prinzip, nur eben, dass einer leer ist.

Etwas weiter, am Grab von Carl Lebrecht Schwabe, der aus dem Massengrab auf dem Jacobsfriedhof ehrenhaft bergen ließ, was er für Schiller hielt, gibt es eine kurze Erklärung. Man hat es untersucht, es ist gar nicht Schiller. »Schade eigentlich« sagt sie im Abgehen, »sie hätten es lassen sollen, wie es war.«

An Charlottes Grab trägt sie mit Emphase das »Warum gabst du uns die tiefen Blicke« vor. »Die hatte in zehn Jahren sieben Kinder, das ist ja Wahnsinn«, sagt ein Mann zu seiner Frau. Hier herrscht Pärchenbetrieb, ich bin der einzige Singlewanderer.

Und zwei Stunden sind beinahe vorbei, der abschließende Höhepunkt sind die beiden Helden vor dem Theater. Wir bleiben etwas entfernt, dort beschallt ein Lautsprecher den Platz. »Aber uraufgeführt wurde der Faust bei uns!«, sagt eine Dame stolz und so erfahre ich, dass sie wohl aus Braunschweig ist, wo sich einmal ein Herzog wunderte, dass auch Goethe einen »Faust« geschrieben hat.

Applaus.

Ich laufe über den Platz, alleine jetzt. Ein Stand der VVN, Vereinigung der Verfolgten des Naziregimes. Auf dem Boden mit großer Schrift: »Nehmt den Häftlingen nicht ihre Würde durch die Leugnung der Selbstbefreiung«. Und ihr, denke ich, nehmt eurem Anliegen nicht die Würde durch die Leugnung der Geschichte. Ein junger Mann liest, er ist die Ursache des anhaltenden Geräusches, stockend Statements aus einem Buch vor. »Mist«, sagt er einmal ins Mikrofon, da hat er sich in der Zeile vertan.

Buchenwald, das ist die von der Szene ausgehende Botschaft für den auswärtigen Besucher, das ist hier das Thema skurriler Randgruppen. So ist es nicht, aber so wirkt es.

Einmal am Theaterplatz, die Schillerstraße hinunter, begegne ich dem Weimar-Haus. Nun gut. Es dauert eine halbe Stunde und man kann es nicht abkürzen. Die einzelnen Stationen sehen aus wie früher das Bühnenbild im Kindertheater und so sollte man es wohl auch nehmen. In diesem Disneyland für Zwischendurch sitze ich vor Thüringer Zelten, begegne einem sprechenden Goethe und werde am Ende von einem videobasierten Erdgeist blubbernd ins Leben geschickt. Vorher habe ich, schwer beeindruckt, gelernt, dass selbst der Hunnenkönig schwer beeindruckt war von uns Thüringer Reitern.

Derart ermutigt begebe ich mich zu den Pferden. Die heißen –
Recherche, Leute, Recherche! –, Sancho und Pedro und warten am »Elephant« auf mich. Okay, auf 11 andere auch. Dirk Trommler ist ihr Chef,
der Mann mit der Melone. Und mit der Würde dieser Melone präsen-
tiert er seine Stadt.

Hoch auf dem gelben Wagen verbreitet Dirk Trommler in Weimar
einen Hauch von Wien. »Bitte, die Herrschaften« und erzählt dies und
jenes. Zum Beispiel, dass es einen Zusammenhang gegeben haben soll
zwischen dem Hintern der Tochter des Wirtes und dem Namen des
Hauses »Elephant«. Zum Beispiel, dass die Menschen vor diesem Hotel
einmal riefen »Lieber Führer komm heraus aus deinem Elephanten-
haus«. Zum Beispiel, dass Weimar den hier geborenen Carl Zeiss nicht
wollte und so die Konkurrenz in Jena fütterte. Zum Beispiel, dass Goethes Weimar eine stinkende Kloake war und also »Goldenes Zeitalter« nur im geistigen Sinne ist. Zum Beispiel, wir passieren Christianes
Geburtshaus, dass Goethes Geliebte lange nicht gut gelitten war hier.

Derweil ziehen uns Sancho und Pedro gleichmütig durch die sacht
vorbei gleitende Stadt und beinahe fühle ich mich veranlasst, den Kopf
sanft zu neigen wie einstens der Geheimrat. Aber niemand zieht den
Hut, die Leute lächeln nur.

Die junge Frau neben mir lächelt auch als sie fragt, ob ich da mein
schönstes Ferienerlebnis aufschreibe.

Auch Trommler spricht vom Schreiben. »Man schreibt« leitet er seine
Erzählungen oft ein, und darin liegt auch eine Art von Sinn: Alles, fast
alles, was in Weimar wirklich wichtig ist, wissen wir nur, weil es aufge-
schrieben wurde, damals. »Meine Herrschaften, man spricht auch vom
Mätressenhaus unseres Herzogs«, spricht Trommler, da sind wir am Haus
von Caroline Jagemann. Unseres Herzogs. Der Mann hat Stil.

Sie kämpfen alle um Stil. 14 berittene Stadtführer, also Kutschen, hat Weimar – und 110 Infanteristen im Kampf um die Gunst des Publikums. Die Konkurrenz ist beträchtlich und deshalb treffen wir zur 9. Abendstunde den Nachtwächter. Der begrüßt uns denn auch mit heiteren Versen »Der Nachtwächter ist ein viel gefragter Mann ...« – und das ist schon mal gelogen. Denn der Nachtwächter heißt Dagmar, Dagmar Rahaus. Am Tage kann man sie als Anna Amalia buchen, kann sein, sie verrät dann, wie es wirklich war mit Goethe. Immerhin, wie es wirklich war mit Schiller, das wird sie der nächtlichen Wandergruppe erzählen, später.

Jetzt ernennt sie erst einmal einen von uns zum Hilfsnachtwächter, deshalb muss er die Lanze tragen.

Nun ziehen wir, die Nachtwächterin an der Spitze, durch die Stadt. Langsam fällt Dunkelheit über die doch vertraute Szenerie – und verwandelt sie auf das Schönste. Jenseits des oft gegangenen Weges zwischen Theater und Parkhaus verströmt die Stadt jetzt eine Art von Zauber. Gläser klingen, leises Lachen weht herüber von den Tischen, es ist, in Goethes Stadt, ein Sommernachtstraum. Und ist ein wenig, als beschwöre die Stadt im Dunkel der Gassen ihre Vergangenheit, als begegneten uns die Schatten derer, die hier einmal gingen.

Und tranken. 42 000 Liter Wein, unternimmt die Nachtwächterin eine kühne Hochrechnung, müsse Goethe wohl etwa getrunken haben im Laufe des Lebens. (Von Stellungnahmen der Goethe-Gesellschaft bittet der Autor abzusehen).

Und bleibt bei den Zahlen. Es gebe, hören wir am Donndorf-Brunnen, 30 Brunnen in dieser Stadt – und nur einer zeige eine Frau, die »Mutterliebe«. Das hat mir noch niemand gesagt.

Weiter über den Rollplatz, lauter nicht rollende Autos. Hier hat, 1999, ein Bündnis aus Bürgertrotz und Autostolz für den Erhalt des Parkraumes und gegen die Entstehung eines wunderbaren Platzes, den ein international renommierter Künstler gestalten wollte, siegreich gestritten. Dieser Platz hätte, neben der dominierenden Gastronomie, einen wirklichen Hauch Italien gebracht.

Aber schließlich, die Stadt hat sich sogar gegen Goethe gestellt, als er der Christiane die Verse auf den Rücken zählte. Dagmar Rahaus erzählt die Geschichte ungeschönt. Und erzählt auch, auf dem dunklen, eindrucksvollen Jacobsfriedhof, die Geschichte von Schillers Schädel. Eine der schönsten Geschichten, die je geschrieben wurden hier, wo sie keinen Mangel haben an Geschichten.

Irgendwann sind wir wieder am Markt, begleitet von den fröhlich klappernden Versen der Nachtwächterin.

Diese drei Führungen erzählten auch, ohne es zu wollen, in dem was die einen erzählten und die anderen nicht, wie unterschiedlich hier Geschichte wahrgenommen wird. Weimar, das war schon immer eine Geschichte zwischen Selbstbewusstsein und Verdrängung. Aber alle erzählen auch: Diese Stadt ist, nehmt alles nur in allem, doch auch ein Wunder.

Der Dienstmann

Erst als Eckermann starb, wurde er unsterblich.

Am 20. September des Jahres 1792 sind die Herren bei Valmy einigermaßen ratlos. Die fürstliche Allianz gegen die Truppen der Französischen Revolution hat die vollmundig angekündigte Bataille nicht gewonnen, was so gut ist als verloren. Ratlosigkeit aber vor der Nachwelt rechnet nicht zu den Geisteszuständen, die der anwesende Herr von Goethe zu schätzen pflegt.

Und so behauptet er, bald dreißig Jahre später, einen unbelegten Weitblick: »Von hier und heute geht eine neue Epoche der Weltgeschichte aus, und ihr könnt sagen, ihr seid dabei gewesen.« Die Geschichte steht wohl für das Psychogramm eines singulären Geistes, der, neben vielen anderen, sich auch auf die Kunst der Selbst-Stilisierung verstand. Ein solcher Mensch, zumal, wenn er in die Jahre und aus der Mode geriete, müsste einen anderen hoch schätzen, der, mit einigem Geist versehen, sich dieser Aufgabe mit dankbarer Wollust zu unterwerfen willens war, einen Mann, der sich dienend den Maßgaben des Dichters so ganz, so rückhaltlos anzuverwandeln den Willen besäße.

Dieser Mann wird am Tag nach Valmy geboren, in Winsen an der Luhe. Es war am 10. Juli 1823, dass die beiden Männer einander das erste Mal begegneten. Es war der Tag, der dem Sohn eines Hausierers, der sich einige Bildung erschuftet hatte, als Verkünder seines Gottes in die Unsterblichkeit befördern sollte. »... ich fühlte«, schreibt Johann Peter Eckermann unter dem 10. Juni 1823, »daß er es überaus gut mit mir im Sinne hatte.«

In der Tat, er kam nicht unwillkommen, seine Schrift »Beiträge zur Poesie«, mit besonderer Hinweisung auf Goethe hatte ihm, das durfte

1823 nicht mehr als selbstverständlich gelten, empfohlen als einen glühenden, rückhaltlosen Verehrer. Und seine Erfahrungen im administrativen Fache, Eckermann war als Schreiber erfahren, empfahlen ihn als einen Menschen von redlicher Disziplin: es war eben just der Mann, den Goethe für seine Zwecke benötigte, ein Jünger, dem er die »Redaction von Papieren übertragen könnte, welche selbst zu leisten man wohl die Hoffnung aufgeben muß.« Und so übergibt er dem Hocherfreuten zu ihrer zweiten Begegnung fröhlich die schon bibliophilen Frankfurter Gelehrten Anzeigen, 50 Jahre alt, mit dem Auftrag, seine ungezeichneten Arbeiten daraus zu selektieren.

Und so geht es fort und fort, neun Jahre lang, etwa eintausendmal sind sie einander begegnet. Johann Peter Eckermann, als er am 3. Dezember 1854 stirbt, drei Jahre, ehe das andere, das figürliche Denkmal von Ernst Rietschel enthüllt wird, hinterlässt das geistige Denkmal Goethe und die Frage, was das Glück wohl sei. Denn Unsterblichkeit ist süß nur als Gedanke, wenn man lebt.

Die Gespräche, 1836 erstmals erschienen, waren kein Erfolg und der 3. Band konnte wohl gar nicht ungünstiger erscheinen als 1848. Die Zeit hatte wenig Verwendung für das behagliche Wägen des alten Mannes. Es dauerte, bevor Goethe Teil eines bürgerlichen Behagens und Besitzens werden konnte, bis er zu klassisch war, um kontrovers zu sein. Als Deutschland daran ging, nach 1871 endlich eine Nation zu werden und für diesen späten Prozess keinen rechten Gedanken mehr fand in der Zeit, da suchte es diesen Gedanken, diesen tieferen Seinsgrund bei seinen Dichtern und Denkern, denen es nun auftrug, Identität zu stiften. Und als Goethe dann als der Geist über den Wassern der Nation schwebte, als den Eckermann ihn entwarf mit der bewundernden Haltung einer naiven Gläubigkeit – »Ich aber bewahrte seine großen und guten Worte in meinem Herzen« -., da war er nicht mehr von dieser Welt. Er konnte nicht ahnen, wie Salieri im Gefolge Mozarts, selbst vielfach zur literarischen Gestalt nobilitiert zu werden: als ein bleibendes Exempel auf die Figur des rückhaltlos dienenden, sich vollkommen hingebenden Menschen, als Parodie, als Dienst- und Schmerzensmann.

Man wird, dieses Bewusstsein ist so alt noch nicht, die komponierten Gespräche im Detail nicht als ein authentisches Dokument zu lesen haben wenngleich ihre Grundgestimmtheit keinem Zweifel unterliegt, oder, wenn schon, als das Dokument eines Glaubens, der sich selbst in in der sprachlichen Gestalt dem fließenden Gleichmaß seines frei erwählten Gottes anverwandelt. Und es darf für die Lektüre dieser Goethe-Bibel gelten, was Eckermann von dem letzten Gespräch, März 1832, überliefert: »Übrigens, echt oder unecht sind bei Dingen der Bibel gar wunderliche Fragen … dennoch halte ich die Evangelien für durchaus echt, denn es ist in ihnen der Abglanz einer Hoheit wirksam …«

Es ist wohl dieser Abglanz einer Hoheit, für den sich die Nachwelt bei Johann Peter Eckermann bedankt mit einem Hauch Unsterblichkeit. Es gibt kaum einen anderen Menschen, der so benutzt wurde, und bei dem sich das Schicksal post mortem so über alle Maßen entschuldigt, als hätte es ein schlechtes Gewissen. Denn so wie bei Eckermann, mit der Unsterblichkeit, wird Mediokrität sonst kaum je belohnt freilich mit der Beimengung sanfter Ironie. Er ist das willige Wachs, in dem ein Unsterbliches seinen Eindruck hinterließ und das sich davon geadelt fühlt als Träger der göttlichen Spur; ein Adel, in dem die Liebenswürdigkeit der Erscheinung und die Skurrilität des Anspruches sich zu einem recht Sonderbaren vermengen, das doch lächelnden Respekt genießt.

Kurz, die Stadt Weimar und Johann Peter Eckermann, sie sind einander wert.

Die Feste der Seele

*Friedrich Schiller ist ein Meister der Sprache
und ein Künder der Zukunft.*

Friedrich Schiller, der ein pointiertes Ende zu schätzen wusste, hinterließ sich selbst als eine Pointe, einen Effekt: Dem Dichter der Freiheit, dem das »In Tyrannos« als Trompete voraustönte, dem das »Ich kann nicht Fürstendiener sein!« glutvoll aus der Feder floss, wird gehuldigt in der Fürstengruft.

Und wie, um uns den Kasus recht bewusst zu machen, ist ungeklärt bis auf den Tag, ob er nicht doch vermodert ist im anonymen Massengrab, ob Goethe im »ernsten Beinhaus« tatsächlich Schillers Schädel in Händen hielt. Und als wollte sich der Große Spielleiter auch einmal eine kleine Ironie erlauben – niemand wurde so oft parodiert wie dieser Dichter –, hat er Schillers Lebensbahn, die an einem 10. November begann und an einem 9. Mai endete, zwei deutsche Daten um jeweils einen Tag verfehlen lassen. Schiller, der unbekümmerte Großmeister des Effektes, hätte das wohl geschätzt.

Und es ist, man sage, was man wolle, dieser Effekt in seiner allerhöchsten Vollendung, wobei freilich auch sein Leben selbst als Teil dieses Effektes zu denken ist, der ihn in den Herzen seiner Deutschen ein Bleiberecht erwarb, wie es kaum einem anderen Dichter vergönnt ist, dem kühl wägenden Goethe gleich gar nicht. »Aber Schiller«, schreibt Thomas Mann, »weiß dem Effekt seine Unschuld zurückzugeben, ihm eine edle Naivität zu verleihen, dass man Lächeln und Schelten vergisst und davor hinknien möchte«.

Das ist es. Abgerechnet den »Tell«, in dem die Kuhglocken gar zu heftig klingen, ist es Schillers unnachahmlich hoher, klarer Ton, sein Pathos, sein Enthusiasmus, der uns die Kolportage vergessen macht. Der »Don Carlos« ist als Konstrukt auch eine Albernheit mit seinem dramaturgischen Briefverkehr – aber welche Kraft in diesen Versen, welches Leuchten in diesen Figuren, welche Energie in dieser Schönheit! Da mögen sie nun lächeln und analysieren – »Arm in Arm mit dir« so weisen Carlos und Posa tatsächlich ein »Jahrhundert in die Schranken«. Denn dieser Ton, dieses Paar, sie treiben alles Bedenken zu Paaren.

Thomas Mann, und wer wüsste mehr über die Seelen großer Dichter als ein großer Dichter, dieser also schreibt in der Erzählung »Schwere Stunde« über jenen: »Und sein Lieblingswort, sein letztes Pathos, die große Glocke, mit der er zu den höchsten Festen der Seele rief, sie lockte viele herbei ... Freiheit ... Mehr und weniger, wahrhaftig, begriff er darunter als sie, wenn sie jubelten. Freiheit – was hieß das? Ein wenig Bürgerwürde doch nicht vor Fürstenthronen? Laßt ihr euch träumen, was ein Geist alles mit dem Wort zu meinen wagt? Freiheit wovon? Wovon zuletzt noch?«

Mag sein, dass diese großen Feste der Seele, die Feier von Schillers »öffentlicher Seele«, wie Rüdiger Safranski das nennt, auf einem Missverständnis beruhen, wenigstens in Teilen und der greise Thomas Mann in Weimar, 1955, »zuletzt noch« auch er, davon unwillkommene und weithin überhörte Kunde gab. Denn die Freiheit, die Schiller meint ist nicht die der anarchischen »Räuber« und seine Warnung vor diesen ist im Rückblick mehr als reiner Opportunismus. Schiller ist, wie Posa, nur »ein Bürger derer, die kommen«. »Wenn sich die Völker selbst befrein/Da kann die Wohlfahrt nicht gedeihn«, heißt es in der rundum peinlichen »Glocke«, und in den brillanten Briefen »Über die ästhetische Erziehung des Menschen«, 1795, mit der Erfahrung der Jakobiner, erklärt er zweifelsfrei, dass die Menschen nicht reif seien für die Freiheit, ehe der »Mensch in der Zeit«, der wirkliche Mensch also, sich zum »Menschen in der Idee veredelt« habe, dem zukünftigen also. »Der freigebige Augenblick findet ein unempfängliches Geschlecht«. Der Dichter der Freiheit spricht also, darin sehr deutsch und so womöglich doch recht verstanden, eher von einer inneren, von einer idealen Freiheit: Frei von den Zwängen seines Hauptfeindes, des Körpers; frei von den Zwängen der wirklichen Welt; frei von Kants »Ding an sich«; frei, zu denken, frei, sich eine Welt zu bauen, die ihr Gesetz von der humanisierenden Schönheit erhält; frei zu dem »Bestimme dich aus dir selbst« – in der Erwartung, dass diese innere, künftige Freiheit den Menschen eines fernen Tages befähige zu der äußeren.

Dieses Hoffen, dieses Sehnen schwingt immer in den Höhen seines Tones, und es ist wohl dieser Klang, dieses sehnsuchtsvolles Warten auf Zukunft, das die Menschen immer wieder einbestellt zu den Festen der schwärmenden Seele.

Sein Sohn

Am 1. Weihnachtstag 1789 wurde August Vulpius geboren,
der später Goethe hieß und doch nie wurde.

Die Inschrift auf seinem Grab erzählt sein Schicksal: Da liegt kein Mensch
aus eigenem Recht, da liegt Goethes Sohn. August von Goethe liegt auf dem
Cimitero Acattolico in Rom, wo er am 27. Oktober 1830 gestorben ist. Vorder-
gründig eine Hirnhautentzündung, tiefer im Körper eine weinzerfressene
Leber und ganz weit innen eine vaterzerstörte Seele.

Wie so vieles in Goethes Leben ein Muster ist, so ist auch sein Sohn ein
solches: das des Sohnes, der unter der Weltbedeutung des Vater stöhnt,
bis er die Last nicht mehr trägt. Ein solches Privileg kann einen Menschen in die Verzweiflung treiben. Dabei, als August am 1. Weihnachts-
feiertag des Jahres 1789 geboren wird, da ist er noch kein Goethe. Er ist
ein Bastard, und im Kirchenbuch kommt der Name des Vaters nicht vor.
Und begrüßt wird er vom Zischeln der Stadt. So ein Kind gehört sich
nicht. Der Vater bekennt sich zu Mutter und Kind, nimmt, der doch die
Behaglichkeiten liebt, einen Umzug in Kauf, eine Art Rausschmiss, weil
die Herzogin Louise den Bastard nicht vor der Nase will. Aber es nützt
dem Jungen nichts, dass sein Vater in dem Betreff ein wackerer Mann ist.
  In sein Stammbuch, es liegt seit einiger Zeit wieder in Weimar,
schreibt dem Knaben Johann Gottlieb Fichte dieses: »Die Nation hat
große Anforderungen an Sie, einziger Sohn des Einzigen in unserem
Zeitalter.« Wie soll so einer leben?
  Er studiert die Rechte, er erhält, wie nicht, eine Stellung bei Hofe, wo
er sich wacker schlägt, er wird der Vertraute und Gehilfe und Vertreter
seines Vaters, auch hier ganz redlich. All die Durchschnittlichkeit, all das

Fehlen jeglicher nennenswerten Befähigung gälte nicht als bemerkenswert, wäre er nicht verdammt, Goethes Sohn zu heißen. Es ist nicht des Dichters Schuld, dass sein Sohn so leidet, es ist niemandes Schuld. Es ist einfach so, weil ein Durchschnittsmensch in die Geschichtsbücher gerät.

1817 heiratet August Ottilie von Pogwisch, das macht ihn nicht glücklicher. Drei Kinder, Goethes Enkel. Alma stirbt mit siebzehn Jahren, ehe sie Frau und Mutter werden kann, Wolfgang und Walter führen beinahe eremitische Leben, als erfüllten sie ein geheimes Gebot, dieses Geschlecht aussterben zu lassen, damit kein Nachfahre mehr unter dem Namen leide.

Walter verdanken wir, das ist die letzte Handlung eines Goethe, ein nobles Testament.

Und wie das Geschlecht mit seinen drei Kindern endet, so ist schon August das einzige der fünf Kinder seiner Eltern, das überhaupt erwachsen wird. Als sei eine geheimnisvolle Kraft zu verhindern gewillt, dass diese Gene weiteren Proben unterzogen werden.

August ist seinem Vater eine wirkliche Hilfe, was der einen Tag vor Christianes Tod dankbar in seinem Tagebuch vermerkt: »Mein Sohn Helfer, Rathgeber, ja einziger haltbarer Punkt in dieser Verwirrung.« Aber während seine umtriebige, ihn an Vitalität und Intelligenz überragende Frau die Nähe des weltbedeutenden Schwiegervaters genießt und daraus eine Art Karriere ableitet, in der sie die Aura von Goethes Schwiegertochter mit eigener Energie zu verbinden weiß, leidet August hoffnungslos: »Ich will nicht mehr am Gängelband/Wie sonst geleitet seyn/Und lieber an des Abgrunds Rand/Von jeder Fessel mich befrein.«

Irgendwann verfallen sie auf den Gedanken, es so zu halten wie einst der Vater. Es ist auch diesmal eine Flucht aus Weimar, aber doch anders. Sein Vater gibt ihm das Geld mit und den Eckermann, als August im April 1830 nach Italien aufbricht. Es ist in Rom, als ihn das Fieber erreicht und, sonderbare Laune, sie begraben ihn just an jener Stelle, an der begraben zu werden sich sein Vater 42 Jahre zuvor in einer melancholischen Stimmung wünschte. Seinen Vater hatte diese Flucht aus Weimar nach Italien damals gerettet. Dieses eine mal will Goethes Sohn es halten wie der Alte. Er stirbt daran.

Womöglich wäre dieser Mann glücklicher geworden, hätte sein Vater, die schwangere Mutter, wie es des Landes Brauch durchaus war, mit etwas Geld und einem braven Mann versehen, statt sie sein Haus zu holen. Niemand spräche von August Vulpius, aber vielleicht, dass er ein eigenes Leben gelebt hätte.

Auf der Hofbühne

Heinrich Heine kam zu misslichem Besuche
bei Goethe in Weimar.

Am 2. Oktober des Jahres 1824 wird ein junger Mann, von einer Reise durch
den Harz kommend, zur Audienz zugelassen. Der Dichter erkundigt sich,
womit der Studiosus derzeit so befasst sei. »Mit einem Faust« entgegnet der
keck. »Haben Sie weiter keine Geschäfte in Weimar, Herr Heine?«, versetzt
Goethe kühl. Abgang.

In dieser Szene liegt mehr beschlossen als nur die Unvereinbarkeit zweier
Charaktere: Hier begegneten sich zugleich die Repräsentanten zweier
Epochen. Goethe ist gleichsam der Schlussstein des aufgeklärten Feu-
dalismus. In Weimar hat dieses Modell, das sich in Goethe vollendet,
eine Höhe erreicht, die zugleich ein Ende ist; eine ähnliche Rolle wird
erst Thomas Mann wieder zufallen, der das Bürgertum vollendet. Doch
jetzt ist hier ein junger Mann, der das bürgerliche Zeitalter eröffnet, und
für die ihn Ablösenden fehlt Goethe jedes Verständnis, so war es schon
bei Kleist. Heinrich Heine wird das Exempel des bürgerliche Intellektuellen geben, der weniger ein erziehender Aufklärer ist als ein spielen-
der Artist, in dessen Werk auch Politisches gelegentlich Saison haben
mag: wenn es denn dem Verse dienlich ist. Im »Wintermärchen« wird
sich das unwiederholbar und glücklich verbinden. Heine ist, anders als
Goethe, ein lässiger Virtuose, so einer sieht wohl auch die Welt ein wenig
entspannter. So einer schichtet keinen schweren Marmor mehr, so einer
jongliert mit bunten Bällen.

Dabei, die beiden Herren sind einander nicht vollkommen unähn-
lich, Spielleiter und Hauptdarsteller ihrer eigenen Lebens-Bühne. Des-

halb auch wollte der eine Schlag zwölf geboren sein und der andere am Beginn des neuen Jahrhunderts, Dichtung und Wahrheit pflegen einen recht entspannten Umgang. Nur, dass der eine bereits ein Welttheater ist, wohingegen der andere besten Falles für eine Provinzcharge genommen wird. So duldet Goethe an seiner Hofbühne nicht die kecke Insubordination eines Provinzschauspielers, von dem sich hier freilich nicht ahnen lässt, dass ihm seine Lyrik eines Tages in das allerhellste Licht stellen wird.

Und gleich gar nicht ist zu ahnen, dass Goethe einen Mann von seiner Bühne weist, der einmal für alle Ewigkeit das verkörpern wird, was der Alte fürchtet wie sonst nichts auf der Welt: Siechtum zum Tode hin. »Die ganze Gestalt«, schreibt Heine später über diese Begegnung, »ein Bild menschlicher Hinfälligkeit.« Wenn der Schmerzensmann später selbst acht Jahre lang in einem solchen Bilde leben muss – er wird es, wirkungssicher noch im Sterben, die Matratzengruft nennen – und diesem Siechtum das Wunder des »Romanzero« abringt, wird er dieses Schicksal tragen mit einer Kraft, die manch andere, weniger bewunderungswürdige Szene verblassen lässt. Goethe ist diese Prüfung erspart geblieben; Goethe bestand nicht einmal die Prüfung, die seiner Frau auferlegt war, er drückte sich vor ihrem Tod.

Über Frauen indessen hätten die Herren gut Konversation treiben können. Beide Herren treffen ihre Damen, jeweils knapp über zwanzig, als sie 39 Jahre alt sind und beide bitten, Heine hat das noch vor sich, die Damen nicht um geistvoller Gespräche willen ins Haus. Christiane und Mathilde waren ihren Männern nicht einen Augenblick lang Partnerinnen für das Werk und dennoch stifteten sie Sinnlichkeit und das Bedürfnis nach Heimat. Partnerschaften bis zum Ende hin. Und beide heirateten sie ihre Mätressen in der Not: Goethe 1806, nachdem Christiane die Franzosen schlug; Heine 1841, ehe er sich in Frankreich schlug, wäre er gefallen in dem Duell, hätte er Mathilde unversorgt zurück gelassen. Dem einen wurde darauf sein Haus vom Herzog geschenkt, dem anderen vom Onkel die Rente erhöht. Über ihre Damen also hätten die Herren sich unschwer ins Benehmen setzen können, so wie über die Beiläufigkeit einer Konfession. Im Jahr nach dieser Begegnung lässt sich Heine im preußischen Heiligenstadt stille taufen, was ihn nicht davor bewahrte, der Welt für einen Juden zu gelten. Vielleicht, dass sich diesem Umstand die sterbensschöne Melancholie der Liebesgedichte verdankt. Sie litten beide zuweilen, und wenn Goethe der tiefere Denker ist, so wird Heine doch das tiefere Leid beschieden, an Leib und Seele. Mag sein, dass der Jude deshalb ungleich verletzender sein konnte als der Patrizier. Heine begründete nicht nur eine lässig-unbekümmerte Souveränität des deutschen Verses, dessen Genialität in der haarscharfen Nähe zur Bierzeitung liegt, sondern auch die Leichthändigkeit des Feuilletons und mit ihm eine Art von Hemmungslosigkeit. Der peinlichen Affäre, in der Heine die Homosexualität August von Platens, der ihn antisemitisch attackierte, öffentlich machte, gilt, neben der nüchternen Tagebucheintragung vom 2. Oktober, die einzige Erwähnung Heines durch Goethe; er stellt ihn Eckermann vor als schlechtes Beispiel.

Nein, es konnte nicht viel werden mit den beiden.

Drei Jahre nach dieser Begegnung schreibt Heine, ausschweifend selbstbewusst, dass sein Name einst zusammen mit dem Goethes genannt werde, der möge das wollen oder nicht. Er hätte es nicht sehr geschätzt, dass das größte Literaturarchiv in Heines Stadt Düsseldorf heute den Namen Goethes trägt. Dafür hat die seit 36 Jahren erscheinende Heine-Säkular-Ausgabe ihre Heimat in Goethes Stadt Weimar. Man mag das einen versöhnlichen Epilog zu jener Szene nennen, die sich 1824 zutrug. Am guten Ende schließlich behaupten sich beide post mortem als solitäre Darsteller auf der großen Weltbühne. Auf der kleinen Hofbühne am Frauenplan war nicht Platz für beide.

Nicht Eis,
nicht Schnee

Thomas Mann ist der Repräsentant des Bürgertums

Vier Jahre nach dem Ende des Krieges feiert das sich teilende Deutschland den 200. Geburtstag Goethes. Und zwangsläufig gerät das zum Auftakt eines anhaltenden Legitimationswettbewerbes. Doch der Nachfolger des Nationaldichters ist streng auf Parität bedacht. So kommt Thomas Mann 1949 für Goethe nach Frankfurt und Weimar, so wie er 1955 für Schiller nach Stuttgart und Weimar kommt.

Und wenn auch der Dichter dieser ersten Reise das beschwörende Wort voranschickt »Ich kenne keine Zonen, mein Besuch gilt Deutschland selbst«, so wird das Institut Thomas Mann zwangsläufig zum Politikum. In diesem Deutschland begegnet ihm neben schmeichelnder Vereinnahmung auch unverstellte Ablehnung. Dem Emigranten wird das Recht bestritten, für das verlassene Land zu zeugen.

»Das ist«, konstatiert Mann, »nicht Literaturkritik mehr, es ist der Zwist zwischen zwei Ideen von Deutschland, eine Auseinandersetzung, nur anlässlich meiner, über die geistige und moralische Zukunft.«

Das war die reine Wahrheit und es war, vor allem, die Beschreibung eines Paradoxons: Wenn ein Künstler durch die Höhe seines Werkes zu einer Institution der nationalen Moral nobilitiert wird, wenn sein Volk ihn zum Repräsentanten erwählt, dann wird man zunehmend absehen vom Werk, das ihn doch erst so erhob. Man wird die Kommentare, das Leben im Ganzen für wichtiger nehmen als das Werk, man wird das Uneigentliche für das Eigentliche nehmen. So diente Goethe als ein Lebens-Muster, so der einzige, der mit einiger Ernsthaftigkeit ein Nachfolger Goethes genannt werden kann und sich selbst so verstand. Mit dem Hut in der Hand: Die Großen erweisen einander Respekt. Und mitunter auf die drolligste Art.

Den Hätschelhans nennen den Joseph seine Brüder. Hätschelhans? So nannte Elisabeth Goethe ihren Sohn. Und Schlag zwölf, insistiert Thomas Mann, sei auch er geboren, auch er erlegen der Magie des Puppentheaters. Und auch für ihn gilt, was Goethe sagte für sich: »Das Benutzen der Erlebnisse ist mir immer alles gewesen.« Der Eintritt in die Weltliteratur, »Buddenbrooks«, 1901, da ist er 26 Jahre alt, gibt Erlebtes und Erzähltes. Und Gefühltes, Erlittenes, gibt die frühe Erzählung »Tonio Kröger«. Der Junge, der weder mit dem blauäugigen Hans noch mit der blonden Inge, mit der gleich gar nicht, Erfüllung findet, dem nur die platonisch geführte Künstlerfreundschaft zu einer Malerin Nähe gewährt. Hier ist der ganze Thomas Mann, in all seiner Widersprüchlichkeit, in all seinem Leiden an diesem Künstlertum, das sein Leben als Materialsammlung in Dienst stellt. So wird das Schreiben zum eigentlichen Leben. »Es ist«, sagt Tonio Kröger, »aus mit dem Künstler, sobald er Mensch wird und zu empfinden beginnt«. Diese Erzählung ist wie Hilferufen, wie Erbarmungsflehen. Und weil es Thomas Mann ist, der leidet, verwandeln sich die Tränen in Perlen, die Sehnsüchte in Literatur. »Naß und zugig«, geht der zweite Satz des Tonio Kröger, »war's in den giebeligen Gassen, und manchmal fiel eine Art von weichem Hagel, nicht Eis, nicht Schnee«. Es ist jene Kühle, der er nie entkommen kann noch will. Dieses Empfinden einer aristokratischen Isolation wird der Graben bleiben zur Welt, bis er sie verlässt.

Später weiten sich die Geschichten von der Künstler- in die Weltenseele, auch wenn sie, wie »Zauberberg«, weithin vom eigenen Erleben bestimmt sind. Thomas Mann darf sich, wie Goethe, als Projektionsfläche eines Weltempfindens verstehen, weil er gleichsam ein repräsentatives Leben führt. Er ist so etwas wie die hoch sensitive Aufgipfelung des kultivierten Bürgertums, dessen Weltenradar, sein Seismograph. Und in der politischen Entwicklung, vom Nationalkonservativen zum liberalen Demokraten, verkörpert er auch den Entwicklungsprozess des deutschen Bürgers. Und er ist, auch da wie Goethe, in seiner Art zu schreiben, in seiner Weise, ein Stellvertreter zu sein, ein Gipfel, ein Solitär, was auch bedeutet: ein Ende. Über Thomas Mann geht es, auf seinen Wegen, nicht hinaus, dieser Gipfel ist so schmal, das er nicht Raum hat für zwei. Mag sein, er hat so viele Gegner, weil niemand neben ihm stehen kann. Und vielleicht ist auch dieses Ende Teil der Stellvertretung, die er für das Bürgertum leistet.

Denn außer Heinrich Böll hat kein deutscher Schriftsteller mehr diese Aufgabe der moralischen Institution unangefochten einzunehmen vermocht. Das liegt nicht an den Schriftstellern, das liegt an der Zeit, die nicht mehr dazu neigt, ihren Gründen nachzuspüren. Es gibt kaum Verständigungen über einen gesellschaftlichen Wertekanon, weil Wert und Kanon als obsolet gelten. Und im Grunde gibt es das Publikum Thomas Manns auch nicht mehr: das gebildete Bürgertum, das sich am großen Gegenstand auszubilden das Bedürfnis spürt. Die mediale Demokratisierung bewirkt auch eine Vermassung von Maß und Wert, eine Parität von Banalität und Bedeutung. Was bleibt sind eine Kultur der Sprache und ein Horizont der Bildung, den man mit Demut schaut.

»Und noch desselben Tages«, antizipiert Thomas Mann 1912 im »Tod in Venedig«, »empfing eine respektvoll erschütterte Welt die Nachricht von seinem Tode.« So geschah es, heute vor fünfzig Jahren.

10. Ein Mythos wird erschaffen

**Henryk Goldbergs Schlusspunkt,
der kein Ende ist:
Die Titanic und der 11. September**

Der dritte Turm

Der 15. April 1912 schuf mit dem Bild der untergehenden
»Titanic« eine Metapher wie der 11. September 2001.

»Was soll das überhaupt«, sagt der Mann mit der Geige zu seinen Kollegen, »es hört uns sowieso keiner zu«.

James Cameron, in dessen perfekten Film »Titanic« diese Szene vorkommt, erzählt mit dieser einen Sequenz gleich zwei Mythen. Die von der Kapelle, die oben spielt, während unten das Wasser gurgelt, wurde beinahe redensartlich für eine Art, mit Katastrophen umzugehen. Und er erklärt, dass damals niemand wissen konnte, Teil eines entstehenden Mythos zu sein.

Denn der Musiker hat sich geirrt. Dieses Konzert, das in der Nacht zum 15. April 1912 auf dem Deck der Titanic erklingt, wird das ganze 20. Jahrhundert nicht verklingen. Unten das Wasser und oben die Musik, das wurde zur Grundmetapher des Untergangs – und die Zeit seither hat großen Bedarf an apokalyptischen Konzerten.

Es ist die gravierende Erfahrung, dass jegliches Menschenwerk so fehlbar ist und so endlich wie seine Schöpfer: Es ist die Kollision der Menschheit mit ihrem Allmachts-Glauben. Und die Menschen haben es aufbewahrt als Mythos, als Mahnung.

Das Bild der brennenden Türme in New York am 11. September 2001 wurde zum warnenden Menetekel des 21. Jahrhunderts, so wie 89 Jahre zuvor das Bild der sinkenden »Titanic«. Das hoch aufragende Heck, ein Bild von beklemmender, morbider Schönheit, das am 15. April 1912 gegen 2.20 senkrecht in die Tiefe des Atlantik stürzt ist, neben den einstürzenden Twin Towers, gleichsam der dritte Turm in unserer Ikonographie der Katastrophen.

Die Prägekraft der Symbole hängt nicht zwingend ab von der Zahl der Toten, mit denen sie verbunden sind. Eine Ausnahme bildet der Holocaust, muss sie bilden. Die Millionen Opfer sind eine singuläre Größenordnung, die sich noch immer der Vorstellung entziehen will. Und es mag kein Zufall sein, dass für diese Millionen das eine umfassende bildliche Symbol nicht existiert. Ihr Symbol ist das Wort: Holocaust.

Die »Titanic« ist nicht der bekannteste Schiffsuntergang wegen der Zahl der Toten. Es waren etwa 1500 Menschen, die das Unglück nicht überlebten. Der Untergang der 1945 von einem sowjetischen U-Boot versenkten »Wilhelm Gustloff« forderte etwa 9000 Opfer. Und doch war das Schicksal dieses Schiffes bis zu Günter Grass Buch »Im Krebsgang« und der sich im Folgenden anschließenden öffentlichen Debatte einer breiten Öffentlichkeit weithin unbekannt. Die »Wilhelm Gustloff« mit ihren 9000 Toten wird nie die Bekanntheit der »Titanic« gewinnen und nie die der Türme von New York – obwohl der Untergang dieses Schiffes allein mehr Opfer kostete als die beiden anderen Katastrophen zusammen.

Dieser Satz mag zynisch klingen gegenüber den Opfern und ihren Angehörigen, gegenüber jedem einzelnen Schicksal, aber so ist er nicht gemeint. Die Erinnerung an die Toten ist für die meisten Menschen, die mit keinem der Opfer oder einem ihrer Angehörigen bekannt waren, eine Abstraktion, ein allgemeines Gedenken, das kann nicht anders sein. Aber konkret erinnerlich ist das Bild der brennenden und schließlich einstürzenden Türme. So wie das Symbol der »Titanic« eben das Bild des noch aus dem Meer ragenden Schiffes ist und nicht das der 1500 ertrinkenden und erfrierenden Menschen. Dieses Heck ist der dritte Turm in unserem kulturellen Gedächtnis, das vor allem ein Gedächtnis der Bilder ist.

Diesen Bildern sind die Opfer immer assoziativ eingeschrieben, natürlich. Aber was sie uns im Eigentlichen erzählen, immer wieder, womit sie uns im Eigentlichen ängstigen, das ist die Verletzlichkeit unserer Welt, in der und von der wir alle leben. Wenn das aufragende Symbol der Stärke im Zentrum des stärksten Landes der Welt einzustürzen vermag – was vermag dann nicht einzustürzen? Wenn das größte, das unsinkbare Schiff mit den reichsten Menschen der Welt an Bord unterzugehen vermag – wer und was vermag dann nicht unterzugehen?

Und dennoch wurde die Titanic ein populäres, ein erfolgreiches Motiv der Unterhaltungsindustrie. James Camerons Film wurde zum Jubiläum digital recycelt und lässt uns den Untergang sehr eindrucksvoll dreidimensional erleben. Dieses Schiff ist auch deshalb mythentauglich, weil es geschichtentauglich ist – und weil sich diese Geschichten erzählen lassen, ohne dass der Erzähler und seine Zuhörer ein schlechtes Gewissen, das Gefühl von etwas Unangemessenen haben müssten.

Die Titanic bildet die damalige Gesellschaft ziemlich gut ab, die Superreichen mit zahlreichen Prominenten ihrer Zeit, die Mittelschicht und in der dritten Klasse die Auswanderer, die Hoffenden. Alle Geschichten der Welt lassen sich erzählen auf diesem Schiff – und immer im Schatten des Todes: Liebe und Hass, Siegen und Verlieren, Helden und Feiglinge. Es ist dort im Sterben, die Statistik belegt es, gleichsam fair zugegangen, der Grundsatz »Frauen und Kinder zuerst« muss weitgehend respektiert worden sein: Es wurden, prozentual, mehr Frauen und Kinder der dritten Klasse gerettet als Männer der ersten. »Be british boys, be british« soll der Kapitän gefordert haben. Und in der Tat, es haben, wiederum im Verhältnis, mehr Amerikaner überlebt als Engländer: Die pragmatischen Amerikaner haben sich ins Leben gekämpft, die britischen Gentlemen starben mit Noblesse. Und das erlesene Interieur dieses Schiffes wie seine Technologie gehören in die populäre Abteilung der ästhetischen Nostalgie.

Die Symbolik dieses Untergangs, der Mythos wurde im Grunde erst später erschaffen. Damals waren die großen Passagierschiffe was sie heute nicht mehr sind, notwendige Verkehrsmittel, also etwas durchaus Pragmatisches. 1912, das war noch nicht das Medienzeitalter, aber es war nahe genug dran, um eine Geschichte gleichsam konservieren zu können, bis es soweit war. Die Renaissance dieser Geschichte begann im Grunde 1955 mit Walter Lords Buch unter dem ahnungsvollen Titel »A Night to Remember«. Und ab der zweiten Hälfte des 20. Jahrhunderts war das Bewusstsein für Katastrophen und Apokalypsen geschärft. So ist die Metapher der »Titanic« vor allem eine Schöpfung, eine Rückprojektion der Nachgeborenen.

»Gentlemen«, sagt der Mann mit der Geige, »es war mir eine Ehre, mit Ihnen zu spielen.« Als ahnte er doch, sie hätten für die Ewigkeit gespielt.

Abbildungsnachweis

Gerd W. Heyse

Lob des Humors

Heitere Spitzfindigkeiten und andere Lebensweisheiten
Kleine Thüringen Bibliothek, Band 1
92 Seiten, farb. Abb.,
Broschur, 9,95 Euro
ISBN 978-3-8375-0759-1

Bei Wind und Wetter streift Gerd W. Heyse durch die Stadt, beobachtet ihre Menschen – und analysiert im Hintergrund mit scharfem Verstand deren Tun und Sein. Mit feinem Spott hält er ihnen den Spiegel ihrer Seele vor, mal spöttisch, mal anklagend, mal verständnisvoll und mal warnend – immer amüsiert, aber nie verletzend. Nur selten schlägt der Sarkasmus in Zynismus um. Die bissigen Aphorismen und pointierten Epigramme sind sprachlich virtuose Lebenshilfen für alle Bereiche des Alltags, egal, ob es um Liebe, Leid oder Leistung geht. Man kann sie verschlingen, inhalieren, verschenken und überblättern – aber man sollte sie niemals ignorieren. Er könnte es merken.

Dieter Prüschenk

Auf Thüringer Grenz-Wegen unterwegs

Vom Südharzer Jägerfleck
zum Dankmarshäuser Rhäden
Kleine Thüringen Bibliothek, Band 2
112 Seiten, zahlr. farb. Abb.,
Broschur, 9,95 Euro
ISBN 978-3-8375-0793-5

Machen Sie sich auf den Weg und genießen Sie die etwa 300 Kilometer auf dem Grünen Band – von den Höhen des Südharzes bis an den Rand der Rhön. Größtenteils führt die Route dicht an der ehemaligen innerdeutschen Grenze entlang. Dort, wo er noch vorhanden ist, wird auf dem Kolonnenweg gewandert, jenem Fahrstreifen aus Betonplatten, von dem aus die DDR-Grenzer die bis 1989 hermetisch abgeriegelte Grenze kontrollierten. Freuen Sie sich auf abwechslungsreiche Wanderstrecken: Ob die Nadel- und Laubwälder des Harzes, die schroffen Felsabbrüche der Werraberge oder der weiß aufragende, unwirklich anmutende Monte Kali bei Dankmarshausen – die herrlichen Ausblicke über die Regionen Westthüringens entschädigen für die hin und wieder anstrengenden Etappen.

Robert Schmidt

Herr Lehmann

Die Erlebnisse eines Dackels
Mit Illustrationen
von Christoph Hodgson
Kleine Thüringen Bibliothek, Band 3
106 Seiten, farb. Abb., Broschur,
9,95 Euro
ISBN 978-3-8375-0944-1

Herr Lehmann – ein Rauhaardackel, wie er im Buche steht: Klug, witzig und charmant, manchmal auch dickköpfig und stur, erklärt er die einfachsten Dinge und erzählt aus seinem Alltag. Er prangert die Hundesteuer an, berichtet vom Besuch der Schwiegermutter seines Herrchens, träumt von Thüringer Bratwürsten und erlebt auch sonst viel Witziges. 2008 tauchte Herr Lehmann mit einem kurzen Artikel erstmals in der Thüringer Allgemeine auf, seit Juni 2011 erscheint die Kolumne von Robert Schmidt wöchentlich in der Zeitung und erfreut sich großer Beliebtheit. Nun gibt es seine Abenteuer in gesammelter Form zum Nachlesen – ein großer Spaß für alle Hundebesitzer, Hundeliebhaber und Hunde selbst.

Robert Schmidt

Neues von Herrn Lehmann

Weitere Erlebnisse eines Dackels
Mit Illustrationen
von Christoph Hodgson
Kleine Thüringen Bibliothek, Band 4
112 Seiten, zahlr. farb. Abb., Broschur, 9,95 Euro
ISBN 978-3-8375-1048-5

Herr Lehmann – ein Rauhaardackel wie er im Buche steht: Klug, witzig und charmant, manchmal auch dickköpfig und stur, erklärt er die einfachsten Dinge und erzählt aus seinem Alltag. 2008 tauchte Herr Lehmann erstmals in der Thüringer Allgemeine auf, seit Juni 2011 erscheint die Kolumne von Robert Schmidt jeden Dienstag in der Zeitung und erfreut sich großer Beliebtheit. Im März 2013 erschien das erste Buch mit den Erlebnissen eines Dackels, der zweite Band erzählt neue Geschichten von Herrn Lehmann.